김 교수의 좌충우돌 미국생활 100

발행일 | 2016년 12월 25일
저 자 | 김명광
펴낸이 | 최도욱
펴낸곳 | 소통
주 소 | 서울시 영등포구 영등포로 28길 5
전 화 | 070-8843-1172
팩 스 | 0505-828-1177
이메일 | sotongpub@gmail.com
블로그 | http://blog.daum.net/dwchoi
ISBN 979-11-86453-31-5 03940
값 15,000원

이 도서의 국립중앙도서관 출판예정도서목록(CIP)은 서지정보유통지원시스템 홈페이지(http://seoji.nl.go.kr)와 국가자료공동목록시스템(http://www.nl.go.kr/ecip)에서 이용하실 수 있습니다.(CIP제어번호: 2016020444)

* 잘못 만들어진 책은 구입하신 서점에서 교환해 드립니다.

김 교수의 좌충우돌 미국생활 100

김명광

소통

머리말

 이 글은 필자가 미국 대학에서 연구교수로 생활하면서 경험했던 일상의 이야기를 한 편의 책으로 엮은 것이다. 필자는 여행이나 출장으로 몇 번 미국에 간 경험은 있으나 1년이란 기간동안 체류한 적은 처음이다. 미국 생활은 시작부터 좌충우돌이었다. 아들을 학교에 보내는 것부터, 마트에 가는 것, 보건소에 가는 것, 자동차를 구입하는 것 등등 생활에 필요한 모든 것이 낯설고 두려웠다. 무엇보다도 학교와 책에서 배운 영어와 현실에서 접하는 영어가 상이해서 꽤 당황스러웠다. 들리지 않으니 말하기도 쉽지 않고, 모든 것을 부딪쳐 가며 새로 배울 수밖에 없었다.

 한 달이라는 시간이 지난 후 시차 적응도 하고 여유가 생기게 될 즈음, 문득 지금 겪고 있는 이야기를 글로 적어 보면 어떨까 하는 생각이 들었다. 그 이면에는 부모님께 연락을 자주 못 드린 죄스러움이 더 컸던 것은 물론이다. 미국에서 연구년을 보내게 되었을 때 나의 마음은 한편으로는 기뻤지만 다른 한편으로는 무거웠다. 그것은 부모님 때문이었다. 부모님께서는 연세가 80 가까이 되셨지만, 늘 자식들의 건강과 안위를 걱정하신다. 켄터키 주 '머레이'라는 자그마한 시골 마을에 간다고 하니 자식을 가까이 두지 못한다는 불안감이 꽤나 크셨나 보다. 먼 이국땅에서의 일상을 부모님께 알려 드리려는 소박한 생각에서 미국 생활 이야기를 밴드에 연재하게 되었다.

 처음에는 식당에서 포장해 가겠다는 말을 몰라 겪었던 이야기, 한국의 도로에서는 존재하지 않는 상·하행선의 공유 차선 이야기, 마트에 가서 물건을 사고 계산할 때 좌충우돌 했던 경험들을 하나씩 하나씩 올리기 시작하였다. 그러나 글을 매일 쓴다는 것은 그리 녹록치 않은 작업이었다. 미국 생활에 적응하느라 바쁘고 지치다 보니 글쓰기를 어느새 중단하게 되었다.

 며칠이 지나지 않아 어머니께서 전화가 오셨다. "얘야, 밴드 잘 보고 있다." 그 순간 어디에 맞은 듯 멍하였다. 어머니께서는 스마트폰 사용에 익숙하지 않으시기도 했지만 아버지께서 가지고 계신 3G 휴대폰을 빌려 아들이 올린 소식을 매일 보고 또 보고 계셨던 것이었다. 그리고 그것마저 불편하여 못난 아들의 글을 당신 폰으로 직접 보고자 3G 휴대폰을 사시기도 했다. 순간 당황스럽고, 죄송스럽고, 송구하고, 여러 마음이 교차했다. "어머니 요즘 어디 갔다 오느라 올리지 못했어요."라고 허둥지둥 변명을 대고 나서야, 황급히 밴드에 글을 다시 연재하게 되었다. 이후 어머니의 이해를 돕고자 좌충우돌한 영어 경험담을 가능한 한 한글로 풀어 쓰고, 사진을 많이 올렸다.

　이렇게 시작한 것이 어느덧 100회가 넘게 되었다. 100회가 넘는 동안 나에게 많은 격려가 되었던 것은 어머니 아버지 그리고 두 여동생뿐만 아니라 처갓집 식구들의 댓글이었다. 특히 큰처남, 아주버님, 첫째 형님, 둘째 형님, 셋째 형님, 막내 처남 그리고 처형들의 댓글은 때로는 엉망인 글을 바로 잡아 주었으며, 때로는 쓸 내용이 마땅치 않을 때 새로운 주제를 떠오르게 해 주는 큰 힘이 되었다. 특히 처갓집 첫째 형님은 내가 글을 쓰면 매일 댓글을 달아 격려를 해 주셨던 것이 기억이 난다. 이 자리를 빌어 감사를 드린다.

　100회가 넘으면서 식구들은 이 이야기를 책으로 내면 어떻겠냐고 하였다. '그렇지. 내가 좌충우돌한 경험은 미국에 오는 많은 이들이 겪을 수 있는 일이지. 미국에 오는 사람들에게 조금은 도움을 줄 수 있겠지.'라는 단순한 생각에 한국에 와서 글을 모아 바로 출판해야겠다고 마음을 먹었다. 하지만 책으로 나오기까지는 근 1년이라는 시간이 걸렸다. 그 이유는 필자의 게으름뿐만 아니라 밴드에 올린 글이라 글투가 대화체여서 문어체로 바꾸는 작업, 글과 사진들을 깁는 작업, 한글로 풀이한 영어를 깁고 병기하는 문제, 필자의 영어에 대한 무지함, 그리고 밴드에는 동영상이 올라갈 수 있지만 책으로는 그럴 수 없어 글말로 풀이하는 작업 등등 생각보다 많은 문제가 발생했기 때문이다.

　이 책이 세상에 나오기까지 많은 분들의 도움을 받았다. 미국 생활을 따뜻하고 편하게 할 수 있도록 도와주신 머레이 대학교의 모든 선생님들께 진심으로 감사를 드린다. 맨즈 클럽 회장이신 홍성호 교수님을 비롯하여, 우리 클럽의 주춧돌이신 강충남, 김동완, 박호룡, 김영한, 김명연, 권영섭, 임태균, 김재희 교수님께 감사드린다. 일주일에 한 번 가진 이 소박한 맨즈 클럽 모임이 새삼 그립다. 또한 골프를 배운 지 하루도 안 되어 골프장으로 끌고 가신 정혜자 교수님, 머레이의 따뜻함을 알려 주신 박미화 교수님, 민욱이 피아노를 가르쳐 주신 박미연 교수님, 역시 민욱이 바이올린을 가르쳐 주신 박수진 교수님, 필자를 머레이 대학교에 갈 수 있도록 물심양면으로 도와주신 빌 맥기븐 선생님과 사모님, 머레이에서 정신적인 지주의 역할을 하신 탁희성 목사님과 사모님 등 그리고 한인회 학생들 모두에게 감사드린다. 모두들 다시 보고 싶다. 시골의 정겨움을 다시 한 번 느끼고 싶다. 그리고 머레이 집 뒷마당에서 마신 따뜻한 커피도 그립다.

2016년 12월 연구실에서 김명광

　어설픈 글을 책으로 만드느라 고생하신 소통의 최도욱 사장에게 따뜻한 감사의 말을 전한다.

목차

1. To go! 못 먹어도 고가 아니라 못 먹으면 투고	12
2. Meal order 음식 주문할 때	13
3. Do you have any tables available? 자리 있어요?	15
4. Hawaiian sirloin please 메뉴 선택하기	16
5. House salad please 샐러드 고르기	17
6. Check please 계산할게요	18
7. "I hate 8." 8번은 GMO, 9번은 유기농이야	21
8. Soda or Baking soda? 발 냄새엔 베이킹 소더	23
9. Biscuit, Cookie, or Cracker? 과자를 영어로 어떻게 말하지?	24
10. Hot dog? 뜨거운 개를 어떻게 먹어?	26
11. Alcohol 술은 어디에서 사나요?	28
12. Please give me a menu 메뉴판 좀 주세요	29
13. Do you have soymilk? 두유 있어요?	30
14. Flakes? 콘플레이크 말하는 거 아니야?	31
15. Went xxx? 맛이 갔다고요?	33
16. Coins 어랏, 100원 짜리 동전이 제일 작네요!	35
17. Black Friday? 언제예요?	38
18. Buy one get one free! 원 플러스 원?	39
19. Refund! 바꿔 줘	40
20. Can you possibly give me a discount? 깎아 주시옵소서!	41
21. Voucher 교환권	44
22. Redeem 한국말로 뭐지?	49
23. Can I use flex point? 플렉스로 물건 사기	52
24. Great food, Low prices 아는 만큼 보인다.	54
25. What do you mean lb? 파운드의 약자가 왜 lb이지?	56

26. Size 2 4 6 도대체 크기가 어느 정도야?	58
27. Sweat suits 츄리닝?	62
28. Feet? 1피트 기준을 제 발 크기로 삼았으면 27cm였을텐데.	64
29. 18 degrees? "이렇게 추운데 18도라고요?"	66
30. Check account 돈을 인출할 땐 무조건 '첵 어카운트!'	69
31. Please enter checking 돈을 찾으려면 '체킹'을 누르세요	72
32. Please enter your pin 비밀번호를 입력하세요	73
33. Please select a transaction 어떤 거래를 할지 선택하세요	74
34. Check 수표에 얽힌 황당 사건	76
35. I want 10cents per minute Plan 핸드폰 어떻게 개통하지?	77
36. Can I get a stamp for this? 수표와 우체국	81
37. Shot 병원에서 예방 접종	84
38. Health insurance 의료보험 있어요?	86
39. Immunization records 우리가 맞는 예방 접종	88
40. The symptoms 약국에서 증상 설명하기	89
41. Can I get ethanol? 애쓴다, 애써 에써놀:이 더 낫네	92
42. Hotpack, what? 핫팩이 뭐지?	94
43. Step by step 아니 이런 것까지	95
44. At the Immigration 공항 입국 심사할 때	97
45. Jet lag 시차	100
46. Do you have a seat next to the emergency exit? 비행기 좋은 좌석 고르기	102
47. Placard or banner? "현수막"은 "플래카드"가 아니다!	104
48. Welcome aboard 탑승 안전 수칙	107
49. Driving 미국에서 운전면허 취득하기	109
50. Driver's License 운전면허 취득을 위한 준비 서류	112

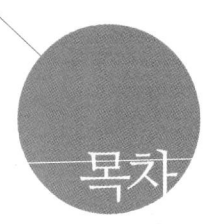

51. Buy a car 1 자동차 구입하기 1   115
52. Buy a car 2 자동차 구입하기 2   117
53. License plate 1 자동차 번호판 달기   119
54. License plate 2 자동차 번호판으로 알 수 있는 것   122
55. The Golden State 황금의 주   124
56. Pump number three, ten dollar 주유소 기름 넣기   126
57. Left turn yield on green 눈치껏 좌회전해라!   130
58. Shoulder drop-off? 웬 '어깨 빠짐'?   132
59. Reserved parking 예약된 주차   133
60. Navi 1 미국 '내비'는 상호 이름을 모른다   134
61. Navi 2 미국 내비게이션을 한국 내비게이션으로 만들기   135
62. Address 미국 주소에는 '도, 시, 구, 동'이란 말이 없다   138
63. 2018 College Farm Rd, Murray, KY42071 내비 주소는 주소 입력 순서가 달라요   142
64. Car repair 자동차 정비 이야기   144
65. Tire rotation 타이어 교체하기   147
66. Car accessories 1 자동차용품 용어 1   151
67. Car accessories 2 자동차용품 용어 2   154
68. At the driver's license test 켄터키 주 운전면허 필기시험   158
69. Tuition waiver 미국에서 학비를 아끼다!   163
70. Waiver 또 하나의 혜택   165
71. No Child Left Behind 뒤쳐지는 아이가 없도록 하기   167
72. Feeder school '명문고'의 의미로서의 피더스쿨   169
73. Ivy League 우후죽순 아이비리그   171
74. You will nail it 민욱이 친구에게서 온 편지   173
75. Snail mail 손 편지   174

76. Holiday 미국의 공휴일	176
77. Trick or treat 떡 하나 주면 안 잡아먹지	178
78. Thanksgiving day 칠면조를 먹어요.	179
79. I have a dream 나에게는 꿈이 있습니다	180
80. How are you doing? 신비주의를 택할 것이냐?	182
81. Quotes 손가락으로 말하다	183
82. Cross fingers 검지와 중지를 교차하면	185
83. Finger gestures 주의해야 할 손가락 제스처	188
84. I get butterflies 좌충우돌 영어 한마디	191
85. Paralysis over analysis 너무 분석하지 마세요	194
86. Hang out 철수야 놀올자!	196
87. Hang out 뭘 내다 걸어?	199
88. At late night wife 웃고 삽시다	201
89. 7 Cardinal Rules For Life 생각을 만드는 말	202
90. The tale of two wolves 오래된 체로키의 전설	204
91. Belly 우리 가족 '사과 배'를 걱정해요	207
92. Get a nose job 코 직업을 얻다?	209
93. Plastic Age 플라스틱 시대가 도래하다	211
94. Plastic 또 다른 이야기	212
95. Suite 껌딱지?	214
96. Suitcase University 대학에서 트렁크도 만드나?	217
97. Draft '우선순위'에 들어야 군대에 살 수 있나.	220
98. Googling 미국인들이 매일 하는 것	222
99. Google 정작 '구글 회사'는 정작 이 말을 싫어한다	224
100. Language designer 언어 디자이너	226

To go!
못 먹어도 고가 아니라 못 먹으면 투고

어디에서 드실 거예요? Here or to go?
가지고 갈 거예요 To go
싸 주세요 Wrap this up
Doggie bag please

제가 연구년으로 간 머레이 주립대학(Murray State University, MSU)에는 '윈슬로우'라는 구내식당이 있습니다. 맛은 느끼하지만 뷔페라 자주 이용합니다. 그런데 식당에 들어가기 전 입구에서 계산하는 사람들이 Here or to go?(히어 오어 투 고?)라는 말을 매번 해요. '투 고?' 나는 못 먹어도 '쓰리 고'인데 음. 이 사람들이 고스톱을 좋아하는 것도 아닐 텐데 무슨 말인지 몰라 많이 당황스러웠어요. 알고 봤더니 '히어 오어 투 고'의 의미는 "여기서(here) 드시고 갈 거예요? 아니면(or) 가지고(to go) 갈 거예요?"의 의미더라고요. 이 때 대답을 To go 라고 하면 식당 종업원이 싸 가지고 가라는 의미로 종이 도시락통과 컵을 줘요. 저는 우리 가족도 뷔페를 좋아하기 때문에 하루에 한 끼는 거의 '투 고'합니다. 처음에는 종이 도시락통에 익숙하지 못하여 조금 밖에 담을 수 없었지만, 지금은 요령이 생겨서 거의 석가탑 수준으로 가지고 나옵니다. 그럼 한 끼가 아니라 두 끼 정도 식사는 거뜬히 해결할 때가 있어요.

아참, 일반 식당에서 음식이 남았을 경우 우리는 남기고 가지만 여기서는 대부분 싸 가지고 가요. 이때 '싸 가지고 간다'의 표현에는 여러 가지가 있어요. 우선 Wrap this up 이라는 표현이 일반적입니다. 우리가 '비닐 랩을 싸다'할 때의 그 '랩'입니다. 다음에 Doggie bag please 라고 할 수 있습니다. 아니 웬 '개를 위한 비닐가방을'? 미국에서는 각 가정에서 애완견을 키우는 경우가 많기 때문에 이런 말을 흔히 씁니다. 물론 자기들이 먹기 때문에 완곡 표현에 해당합니다.

더불어 아래와 같이 이 두 표현을 고급스럽게 쓸 수도 있답니다.

Guest: Can I wrap this up for take-out?
       Can I have a doggie bag?
손님: 포장해 나갈 수 있어요?

02
Meal order
음식 주문할 때

지금부터 미국 음식점에서 음식 주문과 관련한 표현을 적어 볼게요. 미국 음식점을 가면 종업원이 말을 매우 빨리 하기 때문에 처음에는 기가 죽습니다. 그러나 음식점에서 주문하는 순서가 고정되어 있기 때문에 이 순서만 잘 알면 이해하는 데 그리 어렵지 않습니다. 일단 그 순서를 한글로 올려볼게요.

종업원이 말하는 순서

주문하기 : 음료수는 뭘 드시겠어요?
　　　　　 어떤 음식을 주문하시겠어요?
　　　　　 샐러드 드레싱은 어떻게 하겠어요?
중간 확인 : 뭐 필요한 거 있으세요?
　　　　　 맛이 어때요?
후식 : dessert는 어떤 걸로 할까요?
계산 : 계산하시겠어요?
　　　 한 사람으로 계산할까요?
　　　 각자 계산할까요?

　식당에 들어갈 때 종업원이 바로 오는데요. 한국과 달리 한번 온 종업원은 계산을 할 때까지 바뀌지 않습니다. 그 이유는 여러 가지가 있겠지만, 미국의 tip 문화가 가장 큰 이유입니다. 종업원이 여러 명이 온다면 팁을 누구에게 주어야 할지 난감하겠지요? 팁은 음식 값의 15%에서 20%입니다. 보통 15%만 주어도 되는데, 그 종업원이 친절하게 잘 해 줬다고 생각이 들 때는 과감하게 20%를 줘도 됩니다.

　미국 음식 값은 팁과 함께 tax가 붙어 비쌉니다. 예를 들어 스테이크 값이 20달러라면, 부가세 2달러, 팁 4달러로 총 26달러가 손님이 내야 할 전체 음식 값인 셈입니다.

지불해야 할 금액 = 음식 값 + tax + tip

```
SUBTOTAL        195.82
TAX              10.79
AMOUNT DUE      206.61

Tip: _____11xx_____

Total: _____217.61_____
```

  꽁야 직원이 일단 음식 값과 TAX만 계산된 것을 미리 가져와요. 식사 후 계산할 카드를 주면 다시 카드 영수증과 함께 계산서를 가져 와요. 그럼 그 계산서에 사인 후 내가 줄 팁을 그 테이블에 놓고 나와요~~^^ 계산서는 하나로 할 건지 각자 나눠서 할 건지 종업원이 먼저 물어봐요. 음식 값이 60불이면 부가세 6~10%를 더해서 66$ 정도 계산서를 가져오면 팁은 15~20% 에 해당하는 금액, 약 10~12$를 더해서 총금액 약 78$로 적고 사인하고 계산서를 테이블에 놓고 나오면 돼요. 결국 음식 값이 60$ 이 아니고 78$인 셈이죠ㅠ.ㅠ
명철 ㅋㅋ 메뉴판만 믿었다간 큰 코 다치겠네! 완전 호갱님이야!

03
Do you have any tables available?
자리 있어요?

오늘은 식당에 들어갈 때 종업원이 묻는 말을 올리겠습니다. 맨 처음 식당에 가면 프런트의 종업원이 보통 May I help you? 라고 묻습니다. 그런데 노란 머리의 파란 눈을 가진 백인이 이 말을 하면서 다가오면 대답을 어떻게 할지 참 혼란스럽습니다. We come here for a meal이라고 할 수도 없고, 왜냐하면, 종업원이나 나나 식당에 밥 먹으러 온다는 것은 다 알 것이기 때문이지요. 그렇다고 '핼프'를 너무 생각한 나머지 No thanks '도움 필요 없어요'라고 할 수도 없고 이럴 때 한국에서와 마찬가지이지만 여기에서도 '자리 있어요?'라고 가볍게 질문을 하면 무난합니다.

Do you have any tables available?

available (이용할 수 있는)이 생각 안 나면 그냥 구수한 콩글리시로 Do you have a table?이라고 해도 미국인 잘 알아듣습니다. 문제는 그 다음 말입니다. 종업원이 이 말을 듣고 좀 영어 한다고 오해하면 바로 How many in your party? 라고 되묻습니다. 그런데 이 말을 좀 빨리 해서 '파티'만 들리는 경우가 있어요. 그래서 속으로 웬 '파티?', 혹시 '우리를 파티 손님으로 알고 있는 거 아냐?'라고 생각한 나머지 No party, We eat(아니요, 파티 손님이 아니라 그냥 밥 먹으러 왔어요.) 해 버릴 수 있는데 아마 이 말을 듣는 미국인 종업원, 멘붕에 빠지게 될 겁니다.

여기서 party 란 '일행'을 의미합니다. 그래서 '몇 명'이라는 how many와 같이 쓰면 '일행이 몇 명이에요?'라는 말입니다. 따라서 답은 seven(7명)과 같이 일행의 숫자를 간단하게 말하면 됩니다. 좀 더 근사하게 하려면 A table for seven, please! 라고 하시면 됩니다.

그러면 종업원은 Would you follow me? 라고 말합니다. 그러면 '땡큐'!로 마무리하고 가서 앉으시면 됩니다. 이제야 겨우 앉았네요. ㅋㅋ

무얼 도와드릴까요?
May I help you?
자리 있어요?
Do you have any tables available?
일행이 몇 명이에요?
How many in your party?
7사람 앉을 자리 있어요?
A table for seven, please?
저를 따라 오시겠어요?
Would you follow me?

Hawaiian sirloin please
하와이 등심 주세요

보통 자리에 앉으면 전담 종업원이 생글 생글 웃으면서 옵니다. 하지만 말을 무지무지 빨리 해서 듣는 사람을 화나게 합니다. 그러나 순서만 잘 알면 금방 익숙해집니다. 먼저 종업원이 블라블라 뭐라 인사를 하고 What would you like to drink? 라고 합니다. 여기서 would you like to...? 는 '~하고 싶으세요?, ~하겠어요?'라고 의향을 물을 때 쓰는 말입니다. 다음에 '드링크(drink)'는 '마시다'의 의미이지요. 한국에서는 드링크 하면 '박카스(?)'와 같은 강장제를 의미하지만 여기서는 물, 음료수 등 액체류 전부 다 포함합니다. 처음에 우리는 종업원이 '왓 우쥬 라이터 드링크?'라고 했을 때 많은 고민을 했답니다. '사이다, 콜라, 아니면 커피?' 하지만 메뉴 고르는 시간을 손님이 갖도록 그냥 물어보는 차원이라는 것을 나중에 안 이후부터는 대충 Water, please 그래요. 메뉴를 고르다 보면 뭐 여러 가지가 있지만, 미국 아니면 언제 스테이크를 이런 가격에 먹어보냐 하고 우린 거의 스테이크를 시킵니다. 물론 민욱이가 스테이크를 좋아해서이기도 하고요. 스테이크도 종류가 많지만 우리 입맛에 맞는 것은 rib(갈비뼈살)이나 sirloin(등심)이어서 주로 이걸 시켜요. 그나저나 '썰로인'은 '레스토랑에 와서 한 번 썰어 보라고 해서 '썰로인'인가? 음 엄청 썰렁하네요. 죄송. 암튼 고르고 있으면 종업원이 물을 가지고 와서 Are you ready to order? 라고 묻습니다. 종류가 많아 처음에는 결정을 잘 하지 못해서 시간을 달라고 말합니다.

Would you like to give me a few more minutes?

여기서 '미닛쯔(minutes)'는 '몇 분 정도'라는 말이고, '세컨즈(seconds)'는 '몇 초 정도'라는 말입니다. '미닛쯔'를 쓰면 종업원이 다시 갔다가 좀 있다 오지만, '세컨즈'를 쓰면 그냥 그 자리에서 기다려요. 주문이 거의 다 된 줄 알고. ㅋㅋ. 많은 고민은 하지만 우린 결국엔 Hawaiian sirloin 을 시킵니다. 맛이 우리나라 등심 맛과 비슷하고, 양도 무지무지 많거든요. 그런데 썰로인을 시키면 거의 반사적으로 종업원이 How would you like your steak?(스테이크는 어떻게 구워드릴까요?) 라고 다시 묻습니다. 그러면 민욱이는 씩 웃으면서 종업원을 당황하게 하는 주문을 합니다. 한국말로 하면 '거의 안 익히지만 피가 흐르지 않는 정도'를 시키기 때문이지요. 영어로 하면 medium-rare 입니다. 주방장이 '미디엄 레어'를 만들기 무지 힘들어 합니다. 참고로 완전히 익힌 고기를 원하면 well-done, '반 정도 익힌 것'을 원하면 medium 을, '피가 뚝뚝 흐르는 정도'를 원하면 rare 를 시키면 됩니다.

House salad please
샐러드 고르기

종업원이 메뉴를 주문 받고서는 What would you like to have salad? 샐러드를 선택하라고 합니다. 이거 또한 난감합니다. 샐러드 종류가 무지 많거든요. 우리도 처음에 당황하였으나 곧 익숙해졌는데요. 귀찮아서 house salad 를 시켜요. '하우스 샐러드'란 그 식당 고유의 샐러드로, 웬만한 식당에서는 다 있기 때문이지요. 아니면 종업원 좀 당황하게, 아래 말을 가끔 씁니다.

What would you recommend? 추천 좀 부탁합니다.

'휴 이제 다 됐겠지'라고 하면, 종업원이 What kind of dressing would you like?하고 또 물어요. 우와 스테이크 한 번 먹기 힘드네! 하지만 이 한 고비만 넘기면 이제 스테이크 먹을 수 있습니다. 메뉴판에 보면 드레싱이 아래와 같이 있어요.

드레싱 종류
랜치(Ranch), 프렌치(French), 블루 치즈(Blue cheese), 씨저(Caesar), 허니 머스터드(honey mustard), 이탈리안(Italian)

우리는 위의 것을 다 먹어 보았는데, 대개 다 우리 입맛에 맞더라고요. '랜치'는 '마요네즈'가 들어가서인지 고소하고, '프렌치'는 '단맛, 신맛, 짠맛, 약간 매운맛' 등이 섞여 있고……. 등등 설명하기 어렵지만 우리 입맛에 거의 맞아요. 참고로 민욱 엄마는 프렌치, 저는 랜치 또는 허니 머스터드(둘 다 무지 달기 때문에 ^^)를 시킵니다. 드디어 이제 주문이 끝났네요. 우리 식구 이거 아는 데 한참 걸렸습니다.

06
Check please
계산할게요.

대부분 식당 종업원들은 대개 매우 빨리 말하기 때문에 종업원의 말을 알아듣기가 어렵습니다. 하지만 핵심적인 단어만 잘 들으면 이해하는 데 큰 지장이 없습니다.

핵심적인 말 또한 안 들린다면 Pardon 한번 더 말씀해 주세요 나 Speak slowly 천천히 말해 주세요 라고 하면 됩니다. 만약 종업원이 귀찮아하거나 불친절하다 싶으면 나중에 팁을 1불 주시면 됩니다. 왜냐 손님을 화나게 했으니까?

식사를 하고 있으면 이 사람들 와서 맛이 괜찮은지 How's everything? 물어봐요. 그러면 답을 Good, thank you 하면 됩니다. 진짜 맛있으면 Great이라고 한번 해 주구요.

식사가 거의 다 끝나갈 즈음에는 어떤 후식을 할지 Would you like some dessert? 하고 묻습니다. 그런데 여기서는 잠깐 눈치를 봐야 돼요. 따로 후식 값을 받는지 아니면 공짜인지. 공짜면, 오케이 하고. '푸딩, 커피' 등을 시키면 됩니다. 하지만 차 종류들은 대개 돈을 받아요. 시키지 마세요. ㅎㅎ 그리고 공짜가 아니면 우리는 배가 이미 찼어요. 괜찮아요. I'm full. No thanks 라고 합니다.

자. 식사를 다 하신 후 계산을 해야지요. 계산서를 갖다 달라고 할 때는 간단하게, Check, please 하시면 됩니다.

그러면 계산서를 가지고 오는데 여기서 종업원이 '각자 계산하실 거예요? 아니면 한 사람이 계산할 거예요?' Would you like separate checks or one check? 라고 물어봅니다. 대개 미국 사람들은 separate 이라는 말을 해요. 그런데 우리에게는 좀 생소하지만 여기 사람은 '쎄퍼럿'을 전혀 나쁘게 보지 않아요. 오히려 '원첵'을 할 때 많이 부담스러워 합니다. 다음에 계산을 할 때 프런트에 가서 계산하는 것이 아니라, 앉아서 종업원에게 카드를 주고 느긋하게 기다리면 됩니다. 그러면 종업원이 카드와 함께 receipt을 가지고 오는데요. 그 영수증 안에 tip 을 쓰고 난 후 레스토랑용 '리씰'만 탁자 위에 놓고, 그대로 나오면 됩니다. 미국 카드 인출기는 '팁'을 따로 계산하는 시스템을 갖추고 있어, '리씰'에 써 넣은 팁을 한 번 더 계산해요. 그런데 손님이 나간 후에 '리씰'에 쓰여 있는 팁을 정산하기 때문에 혹시 팁이 과도하게 나갈 염려가 들지 모릅니다. 하지만 그런 걱정은 안 하셔도 됩니다. 팁은 조작하면 그 식당은 조사 받게 되고 또한 무거운 벌을 받기 때문에 함부로 바꾸지 않습니다.
자, 그럼 식당에서 음식을 주문하는 연습을 다시 해 볼까요?

Employee: What would you like to drink?
종업원: 음료수는 무얼 드시겠어요?
Guest: Water please.
손님: 물 주세요.
Employee: Are you ready to order?
종업원: 주문하시겠습니까?
Guest: Would you like to give me a few more minutes.
손님: 시간을 좀 더 주시겠어요?

〈메뉴를 결정한 후〉
Guest: Hawaiian sirloin please.
손님: 하와이 등심 주세요.
Employee: How would you like your steak?
종업원: 스테이크는 어떻게 구워드릴까요?
Guest: medium-rare.
손님: 바싹 익히지는 말고 피가 흐르지 않도록요.
Employee: What would you like to have salad?
종업원: 샐러드는 뭘 드시겠습니까?
Guest: House salad please.
손님: 하우스 샐러드요.
Employee: What kind of dressing would you like?
종업원: 드레싱은 어떤 것으로 하시겠습니까?
Guest: French please.
손님: 프랜치.

〈식사가 끝나 가는 중〉

Employee: Would you like some dessert?
종업원: 후식은 어떤 것을 하시겠습니까?
Guest: I'm full. No thanks.
손님: 배가 부른데요. 감사합니다만 괜찮습니다.

〈계산을 하려면〉

Guest: Check please.
손님: 계산서 주세요.
Employee: Would you like separate checks or one check?
종업원: 따로 계산서를 가지고 올까요? 아니면 계산서 하나를 가지고 올까요?
Guest: Separate please.
손님: 각자 계산할 거예요.(각자 계산서 주세요).

"I hate 8. 9 is fine"
8번은 GMO, 9번은 유기농이야

어느 날 여기 사시는 여자 교수님이 민욱 엄마에게 미국 농산물 중 90% 이상이 **GMO** (Generic Modified Organism, 유전자 변형 작물) 식품이니까 주의해서 사라고 하였습니다. 더불어 농산물에 붙어 있는 sticker에 숫자가 있는데 이 숫자를 보고 GMO 제품인지 그렇지 않은지를 판단할 수 있다고 하였습니다. 미국 농수산물을 보면 아래와 같이 스티커들이 붙어 있습니다.

* 첫째 자리 숫자가 3 또는 4로 되어 있는 식품은 총 4자리 일련번호로 되어 있다.
  8 또는 9로 되어 있는 식품은 총 5자리 일련번호로 되어 있다.

이 스티커를 미국인들은 **PLU code** (Price Lookup code, 가격 검색 코드)라고 부릅니다. 문자 그대로 보면 가격이 얼마인지를 알 수 있는 코드라는 의미이지만 실은 이 코드에 이 제품이 보통 제품인지, 유기농인지, 아니면 유전자 변형 제품인지를 알 수 있습니다. 4자리 또는 5자리 PLU code 숫자 중 첫 번째 자리가 중요한 의미를 갖습니다. 그 의미를 간단하게 설명하면 다음과 같습니다.

> 8, I hate. It's GMO! 8번, 나는 싫어 GMO야
> 9 is fine. Organic. 9번 좋아. 유기농이야
> All others, like 3 or 4, are neither GMO nor organic.
> 3번 또는 4번 이외는 GMO도 아니지만 유기농도 아녀!
> They are conventionally grown.
> 그냥 관습적으로 재배한 겨!

3, 4번에 대한 이와 같은 표현은 농부들이 식품에 살충제, 제초제, 합성 비료 등과 같은 독성 물질을 뿌릴 수도 있다는 뜻을 포함하지만, 식품 자체는 유전적으로 변형된 것이 아님을 말합니다. 그래서 요리를 하거나 먹을 때는 반드시 씻거나, 껍질을 벗겨 내고 먹어야 합니다.

하나 더, 그럼 어떤 식품이 GMO인 경우가 많을까요? 몇 가지를 들어보면 아래와 같습니다.

콩류 (Soybeans)

옥수수 (Corn)

유채씨유 / 카놀라유 (Rapeseed/Canola)

사탕무류 (Sugar beets)

목화 (Cotton)

매일 먹는 유제품 (Dairy)

파파야류 (Papayas)

호박 (Zucchini)

구운 가공 식품 (Baked goods)

명광 이건 민욱 엄마 덕분에 알게 되어 올린 겁니다.
명철 역시 민욱 맘은 가족의 건강을 생각하는 주부여.

08
Soda or Baking soda?
발 냄새엔 베이킹 소더

지난 번 민욱이가 2박 3일로 밴드 대회를 갔었습니다. 그런데 민욱이가 여행 갈 때 우리가 무엇보다 걱정했던 것은 민욱이 Foot stinks (발냄새) 였습니다. 냄새가 아주 끝내 줍니다. 그래서 고심 끝에 민욱 엄마가 soda를 사서 신발에 넣기로 하였습니다. 그런데 식용 소다를 영어로 뭐라 그러지? 난감 또 난감! '소다' 일본말 같기도 하고 영어 같기도 하고 한참 고민 끝에 "에라, 모르겠다. 그냥 '소다'가 아닌 혀를 좀 굴려 '소더'를 달라고 해야겠다." 하고 월마트에 갔습니다. 그런데 암만 찾아 봐도 식용 소다가 없는 겁니다. 그래서 종업원에게 다음과 같이 물었어요.

Which aisle are sodas in? 소다가 어떤 통로에 있어요? 소다 어디 있어요?
* aisle [아일] 복도, 통로

그랬더니 몇 번으로 가면 찾을 수 있다는 겁니다. 그런데 가 봤더니, 진열대에 탄산음료들만 잔뜩 있는 거예요. 그래서 거기 있는 종업원에게 다시 다음과 같이 물었습니다.

I'd like to find the aisle of eatable sodas.
* eatable [이더블] 먹을 수 있는

그랬더니 '여기가 맞다'고 하는 거예요. 맞다, 맞아! 영어에서 '소더'는 우리나라 '사이다'와 같이 탄산음료를 뜻하지. 탄산음료 당연히 먹는 것인데 먹을 수 있는 소더를 달라고 했으니. 그 종업원도 당황하고 나도 당황하고. 그래서 "이름을 모르면 그 생김새를 설명하라"라는 말대로 다음과 같이 말했어요.

Not fluid but solid 액체가 아니라 고체요
* fluid [플루이드] 액체   solid [쌀리드] 고체

가만있자 '고체'이기는 한데 '밀가루'처럼 분말이지. 그래서 **The flour of soda** 라고 설명을 하였습니다. 그러자 그 미국인이 급 방긋하면서 아하 baking soda 하더니 그 통로로 안내를 하더라고요. 가 보았더니 우리가 찾던 그 '소더'가 맞았습니다. 그 미국인에게 무지 감사를 표현하고 결국 식용 소다를 사는 데 성공했습니다. 소다 덕분에 2박 3일 여행갈 동안 민욱이가 발 냄새가 전혀 나지 않았다나 어쨌대나.

09

Biscuit, Cookie, or Cracker?
과자를 영어로 어떻게 말하지?

오늘은 이 나라 과자에 대해서 알아볼게요. 우리 집 식구들이 이 나라 과자를 맛보고 느낀 것은 아주 짜거나 또는 아주 달거나예요. 방부제를 안 넣는 대신 다른 것으로 과자를 고문시키네요. 과자를 여기서 snack이라 부르는 것은 한국과 영어가 똑같지만, 몇 가지는 뒤죽박죽이에요. 아래를 한국에서는 어떻게 부르는지 한번 맞춰보세요.

1) 레스토랑에서 식사 전에 주는 작은 빵 또는 아침에 주로 먹는 작은 빵
2) 촉촉하다 못해, 축축한 납작 과자. 주로 초코 볼이 박혀있음
3) 딱딱하고 건조한 과자. 씹으면 바사삭하고 부서지는 것
4) 우리나라 웨하스와 비슷하지만 무지 달아 쓴맛까지 느껴지는 것
5) 말랑말랑한 촉감이 있으며, 따뜻하게 해서 먹으면 무지 부드러운 맛을 가진 빵
6) 소시지나 햄버거 페티에 얹는 빵

정답 : 1) biscuit 2) cookie 3) cracker 4) wafer 5) dinner roll 6) bun

그럼 미국 영어는 어떨까요?

한국에서는 첫 번째 사진을 보고 빵이라고 하잖아요. 여기서는 이를 biscuit 이라고 합니다. 이 비스킷 위에 '버터'나 '잼'을 주로 발라 먹어요.

두번째는 한국에서도 cookie 라고 부르는 거예요. 하지만 한국 쿠키는 건조하고 딱딱한 반면, 여기 쿠키는 축축해요. 이 나라 사람들은 딱딱한 쿠키 몰라요. 민욱이는 이 쿠키가 젖어 있어 '축축 쿠키'라고 불러요. 처음에 미국 사람들이 너도 나도 이 쿠키를 좋아하는 것을 보고 민욱이가 이해하지 못했는데, 지금 민욱이는 없어서 못 먹어요!

바스락 소리 나는 과자는 cracker 라 부릅니다. '크랙'이란 말은 부서질 때 나는 소리를 단어로 표현한 거예요. 우리나라로 따지자면 '의성어' 또는 '소리흉내말'이라고나 할까. 웨하스는 wafer 라고 합니다. 반도체 소재인 '웨이퍼' 도 wafer라고 부르는데, 아래 그림을 보면 모양이 비슷하지요?

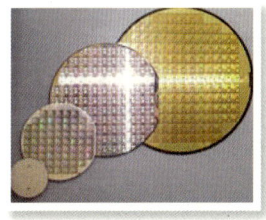

제가 미국에서 먹어본 빵 중 가장 맛있었던 것은 dinner roll 인데요. 민욱 엄마에게 그 얘기를 하니까 제 입맛의 수준이 좀 떨어져서 그렇대요. 갓 구워낸 것을 즉석에서 먹으면 말랑말랑 고소고소, 좋긴 한데 어떻게 설명할 수 없네요! 그런데 '디너롤'의 이름으로 오해는 마세요. 저녁(dinner)에만 먹는 거 아니니까요.

10

Hot dog?
뜨거운 개를 어떻게 먹어?

미국에서 hot dog는 bun(약간 길쭉한 빵)에 소시지가 들어 있는 것으로 우리나라에서는 길 거리표 햄버거로 불리지요.

'소시지'는 원래 독일에서 나왔는데, 여러 종류의 소시지 중 길쭉한 모양의 소시지를 'dachshund'로 불렀습니다. 그 이유는 '닥스훈트'라는 개는 다리가 짧고 몸통이 길어 이 소시지의 모양과 닮았기 때문에 사람들이 이 소시지를 별명을 '닥스훈트'라고 불렀습니다.

그런데 1900년 대 독일계 이민 1세대가 미국에 들어오면서 생계를 위하여 이 소시지를 팔기 시작하였습니다. 이들이 판 곳은 주로 야구 경기장으로, 노점상들이 '뜨거운 닥스훈트 왔어요, 뜨거운 닥스훈트 왔어요.' 하고 소리 높여 팔았는데, 이 모습이 신기하여 한 기자가 신문 기사를 냈습니다. 그런데 그 기자 '닥스훈트'의 철자를 몰라, 신문 기사에 그냥 '뜨거운 개(hot dog)'로 적은 나머지, '핫도그'가 소시지 음식의 대명사가 되었다고 하는 설이 가장 유력합니다.

이 밖에 소시지를 파는 마차 이름이 도그 왜건(dog wagan)이어서 이 이름을 본 따 만들어졌다는 설, 유럽 사람도 진짜로 개고기를 먹었다는 설ㅋㅋ 등 핫도그를 둘러싼 각종 설이 난무합니다. 한편 아래 그림과 같은 튀김소시지를 한국에서 흔히 hot dog라고 하잖아요, 하지만 미국에서는 이러한 종류의 소시지를 corn dog 라고 합니다.

콘도그를 한국말로 다시 번역하면 '옥수수 소시지'라고 하는데, 그 이유는 corn 옥수수 반죽으로 소시지 겉을 감싼 후 튀겼기 때문입니다.

11 Alcohol
술은 어디에서 사나요?

가게 grocery store
주류 alcohol
비닐 봉지 plastic bag
종이 봉투 paper bag
술꾼 heavy drinker

제가 있던 머레이 대학은 미국의 중남부, Kentucky 켄터키 주에 위치해 있는데, 이곳은 매우 보수적인 지역이라고 알려진 곳입니다. 교회가 우리나라 동네처럼 많고, 백인들이 많이 사는 지역인데다가 2012년 이전만 하더라도 grocery store 에서 술을 팔지 못하게 한 것만 보더라도 이를 잘 알 수 있습니다. 술을 사려면 과거에는 인근 주 즉 Tennessee 테네시까지 마실 나가 술을 사 오는 번거로움이 있었습니다.

다행히 제가 온다는 소식을 머레이에서 들었는지 지금은 일반 가게에서도 술을 살 수가 있더라고요. ㅋㅋ. 게다가 alcohol 전문점도 학교 근처에 생겨서 양주, 맥주, 와인뿐만 아니라, 소주도 팝니다. 하지만 소주 가격이 무지 비싸, 술 생각이 날 땐 미국에서 생산되어 가격이 상대적으로 저렴한 사케를 눈물을 머금고 사서 마십니다.

물론 머레이는 아직까지도 보수적인 색채가 여전히 남아 있어 일요일은 술을 팔지 않고, 술을 살 때 술병을 plastic bag 이나 paper bag 에 담아 보이지 않게 해야 합니다. 게다가 bar나 pub에서 술을 마시려고 하면 종업원이 신분증을 반드시 검사를 하는 등 보수적인 사고가 여전히 남아 있습니다. 특히 술집에서 신분증을 가지고 오지 않으면 나이가 아무리 많아도 술을 못 마십니다. 이것 때문에 저도 술집에서 쫓겨난 것이 한두 번이 아닙니다. 깜박해서 신분증을 안 가지고 와서 말입니다.

한편 머레이 대학에는 남자 선생님들이 4명이 있으며 방문 교수님들을 포함하여 모두 7명 정도 남자 선생님들이 있습니다. 그리고 2주에 한 번씩 모여 술과 함께 여담을 나눕니다. 그렇다고 heavy drinker 들은 아닙니다. ㅎㅎ

12
Please give me a menu
메뉴판 좀 주세요

각자 계산합시다 Let's go dutch
오늘은 제가 쏠게요 I'll treat you today
모임 주최자 host
술 liquor
술안주 side dishes
단골집 hangout

　미국에서 술값 계산은 각자하는 문화이지만 우리들은 "오늘은 내가 쏜다!"라는 한국인의 정신을 이어받아 서로 돌아가면서 계산합니다. 그래서 머레이 대학교 선생님들은 일주일에 한번 정도 술집에 가는데, 갈 때마다 따로 계산하지 않고 한 사람이 host 가 되어 그 분이 전부 계산합니다. 미국 술집에 가보면 우리나라와 마찬가지로 liquor 와 side dishs 는 대개 튀김이어서 느끼합니다. 하지만 저희가 hangout 으로 삼고 있는 집에서는 'crawfish'를 찜으로 시킵니다.

　crawfish는 미국 남부 지역의 대표적인 민물 가재 요리로써 이 음식으로 유명한 지역은 옆 동네 루이지애나 주인데, 이걸 먹기 위해 사람들이 몇 시간을 달려가는 수고로움을 아끼지 않을 정도로 인기 있는 음식입니다. 루이지애나는 멕시코 만(남부 지역 해안)으로 빠져나가는 미시시피 강의 하류에 위치한 지역적 특성으로 크로피쉬가 엄청나게 많이 잡히는데, 생긴 것은 '바닷가재'와 비슷하지만 크기는 엄지손가락보다 약간 큰 것부터 손바닥만한 것까지 다양합니다.

　술집에 가면 식당과 마찬가지로 먼저 뭘 드실 거냐고 묻는데, 우리가 자주 쓰는 영어 표현을 간단하게 써 보면 다음과 같습니다.

Employee: What kind of drink do you want?
종업원: 뭘 드시겠어요?

Guest: A bottle of beer please.
손님: 병맥주로 주세요.

Employee: what else?
종업원: 다른 것은 없나요?

Guest: Not yet. Please give me a menu.
손님: 아직은요. 메뉴판 좀 주세요.

생맥주 draft beer 피쳐 a pitcher of beer

13

Do you have soymilk?
두유 있어요?

'두유 있어요?'를 콩글리쉬로 하면? Do you have Do you?(두유해브 "두유") ㅋㅋ 엄청 썰렁해서 죄송합니다. 그나저나 미국에도 한국 두유와 같은 두유가 있을까요? 정답은 있습니다. 그리고 미국 사람들 매우 즐겨 먹어요. 민욱 엄마와 장보러 가는데 soymilk 라는 것이 있어서 호기심으로 한번 사 먹어 봤는데 아 글쎄 두유 맛이 나잖아요. 그래서 사진으로 살펴보았더니 정말 두유더라고요. 한국두유보다 더 고소하고 단맛은 좀 덜하지만 첨가물이 거의 안 들어갔기 때문에 몸에는 더 좋다고 합니다. 그래서 거의 매일 먹었어요. 참고로 여기서 우유는 low fat milk 저지방 우유 fat free milk 무지방 우유 organic milk 유기농 우유 등 다양하게 있어요. 우리 집에서는 유기농 우유를 먹지만 여기 사람들은 무지방 우유를 좋아합니다. 그럼에도 불구하고 웃긴 것은 과도하게 몸이 건장한(?) 사람들이 많다는 거예요. 새삼 느끼는 것은 웬만히 뚱뚱한 한국 사람도 여기 오면 아주 날씬한 사람으로 통한다는 거예요. 저도 물론 여기서는 날씬한 모델이지요. ㅋㅋ

 꽁야 여기는 시골이라 그런지 사람들이 몸관리를 안 해서 뚱뚱하지만 도시 사람들은 한국이나 비슷하게 날씬하더라고요. 두유 맛은 한국 것보다 훨씬 덜 달고 콩 맛에 가깝게 첨가물을 덜 넣은 것 같아서 맛이 좀 밋밋하다고 느낄 수도 있어요. 그래도 다행인건 우리 식구들은 다 맛있다고 하네요.

14
Flakes?
콘플레이크 말하는 거 아니야?

민욱이는 간식으로 flake 를 자주 먹는데 플레이크는 한국보다 매우 다양하고 가격도 쌉니다. 한국에서는 corn으로 만든 플레이크가 많지만 여기에서는 마트 진열대 하나를 차지하고 있을 정도로 다양한 종류의 플레이크가 있습니다.

flake의 정확한 발음은 잘 알다시피 '플레익(물론 '플'은 '흘'과 '플'의 중간 발음이지요.)'입니다. 또한 우리가 '플레익' 봉투에 '플레익'이 하나만 들어 있는 것이 아니기 때문에 보통 '플래익스'라고 부릅니다. 예컨대 '콘프레이크'의 미국 발음은 '콘 플래익스'라는 것이지요.

그런데 이 '플래익스'는 발음뿐만 아니라 의미도 단순한 '식사대용의 곡물'만을 지칭하지 않습니다. 예컨대 전혀 연결되지 않을 것 같은 '눈송이', '고춧가루', '불티', '빙수' 그리고 '신석기 사람들이 쓰던 돌칼' 모두 '플래익스'라고 합니다.

눈송이 snow flakes

고춧가루 chili flakes

불티 fire flakes

빙수 ice flakes

뗀석기들 lithic flakes

즉 한국 사람들은 '프레이크'하면 우유하고 같이 먹는 옥수수 과자만 생각하는데, 미국 사람들에게 '플래익스'하면 What kind of flakes? 무슨 플레이크라고 되묻습니다. 위와 같이 그 뜻이 매우 광범위하기 때문이지요. 그럼 이들이 도대체 어떤 공통점이 있기에 모두 다 '플래익스'라 부를까요?

우선 '콘 플래익스'는 여러 곡물을 으깬 후 기계로 이를 다시 얇은 조각으로 떼어낸 것인데 '눈송이'는 '하늘에서 떨어져 나온 조각', 고춧가루는 '고추에서 떨어져 나온 작은 조각의 씨들' '불티'는 '나무가 탈 때 떨어져 나온(또는 튀어 나온) 불 조각', '빙수'는 빙수 기계에서 나온 작은 얼음 조각이지요. 이 모두 [떨어져 나옴(박편)], [작은 조각들]이라는 공통점을 가지고 있습니다. 물론 '뗀석기'의 경우 '돌과 돌을 마주쳐 조각을 떨어뜨린 후 날카롭게 만든 도구'로서 '조각을 떼고 남은 것'이라는 의미여서 약간 차이는 가지고 있지만 말이에요. 이 때 '조각'의 크기는 동전만 한 것들에서부터 깨알 크기만큼 다양한데 적어도 '밀가루' 형태의 '가루'가 아니면, '플레익스'라 부릅니다. (참고로 '밀가루' 형태의 가루들은 플라워(flour)라 부릅니다). 그렇다면 팥을 얹은 '팥빙수'는 어떻게 부를까요?

맞습니다. 팥이 레드 빈 "red bean"이고, 얼음조각이 팥앙금 밑에 있으므로, "레드 빈 플레익스"라고 부른답니다.

팥빙수 red bean flakes

15
Went xxx?
맛이 갔다고요?

엊그제부터 냉장고가 고장이 나서, 학교 측에다 수리를 요청하였습니다. 학교 직원 분이 냉장고가 어떻게 고장이 났는지를 말해 달라고 하여 다음과 같이 말을 하였습니다. '냉동칸에 있는 조절기가 돌지 않고, 냉장칸은 찬바람이 불지 않아요.'라고 말을 하였습니다.

이와 관련된 몇 가지 표현을 살펴보면 다음과 같습니다. 우선 '냉동칸'은 영어로 freezer, '냉장칸'은 refrigerator 또는 간단히, frige 라고 말을 합니다. 강약 조절기는 온도를 조절하는 거니까 temperature controller 라고 하거나 그냥 controller 라고 하면 됩니다. 그래서 대략 다음과 같이 말하였습니다.

The controller of freezer didn't work and the frige(refrigerator) was broken down, so it doesn't get cool enough.

그런데 '음식이 상하다'는 어떻게 표현해야 될지 고민이 되었습니다. 'hurt'(신체 또는 마음이 상하다)라고는 할 수 없으니까요. '음식이 상하다'는 다양한 방법으로 표현할 수 있지만 저는 아래 표현 중 첫 번째 표현을 사용했습니다.

The stuff in it has gone bad.
The stuff in it spoiled.

'맛이 상하다'라는 의미로 'go' 동사를 쓰는 것은 언뜻 보면 이해가 되지 않는 듯하나, 우리나라도 '음식이 맛이 가다'와 같이 쓰는 것을 보면, 그리 엉뚱한 표현은 아닙니다. 한국의 '가다'나 영어의 'go' 모두 '물건의 상태가 변한 경우'에 자주 사용되기 때문입니다. '상태가 변하다'라는 말로 'go' 대신에 'spoiled'를 사용할 수 있습니다. 그런데 'spoiled'라고 하면 '먹는 것'뿐만 아니라 '물건'이 '못 쓰게 된 상태'일 때도 사용합니다. 한편 '음식' 중 '우유'가 상한 맛(신 맛으로 됨?)으로 바뀔 경우 go bad 이외에 go sour 라고 써도 됩니다.

This milk went sour. 우유가 상했다.

만약 우유가 오래되어 굳어져 두부처럼 된 상태를 꼭 집어서 표현하고 싶을 때는 'curdle' 을 사용하면 됩니다.

This milk has curdled.

더 나아가 오래 되어 맛이 상해, '쾨쾨한', '곰팡이가 슨', '꾸리한' 냄새가 날 경우 stale 이라는 말을 쓸 수 있습니다.

The bread went stale. 빵이 상했다.

아울러 '맥주 맛이 상한' 경우(음 제가 술을 좋아해서리 이 말은 꼭 쓰겠습니당) flat 을 써서, The beer gets flat. 라고 합니다.

'flat'란 원래는 '평평한'이라는 의미이지만 'beer'에서 사용되는 'flat'는 '평범한' 또는 '이 맛도 저 맛도 아닌(밋밋한)'의 의미를 지닙니다.

'맛이 가다'를 음식이 아니라 사람에게 비유적으로 표현할 수도 있는데, '(주로 술에 취해 또는 너무 피곤하여) 제 정신이 아니다'의 의미로 돌려 생각한 후 영어로 표현해야 돼요. 이럴 때는 go 보다는 be done for 라고 말합니다.

He was done for. He had too much to drink.
그는 술을 너무 많이 먹어 맛이 갔다(제 정신이 아니다).
He was done for mentally and physically with hard work.
그는 고된 일로 몸도 마음도 매우 지쳐 있었다.

한편 'The stuff in it has gone bad'에서 stuff 는 미국에서 매우 자주 사용되는 말로 '먹을 것'과 '그렇지 않은 것' 모두에 쓸 수 있습니다. 우리말로 표현하자면 '물건' 정도 되겠지요. '먹는 것(음식)'이란 뜻을 좀 더 명확히 하고 싶다면 food 를 쓰면 됩니다.

명철 우리가 쓰는 "상하다"라는 단어도 여러 가지로 표현되네! 기분 상하다, 자존심 상하다, 비위 상하다 등 맘이 상하는 일과 음식과 물건이 상하는 일 등 여러 가지로 표현이 되네! ㅋ

16 Coins
어랏, 100원 짜리 동전이 제일 작네요!

오늘은 미국 동전을 살펴볼게요. 미국에서 자주 쓰는 coin(동전)에는 4가지가 있습니다.

★ 1달러를 1000원으로 계산하였을 경우

1 cent : 10원, 5cent : 50원,

10 cent : 100원, 25cent : 250원

동전 중에 50센트, 100센트 짜리도 있다고 하는데, 아직까지 보지 못했어요. 무척 귀하다고 하더라고요.

또한 각 동전은 고유한 이름을 가지고 있어요.

1 cent : Penny, Copper

5 cent : Nickel

10 cent : Dime

25 cent : Quarter

먼저 1센트는 Penny 라고 불리는데, 미국인들은 '원 센트'보다는 '원 페니'라는 말을 더 많이 합니다. 또한 구리로 이루어져 있기 때문에 Copper 로 부르기도 합니다. 그런데 우리나라 10원에 해당해서 그런지 매우 흔하여, 산책하다 보면 땅바닥에 떨어져 있는 1페니를 자주 봅니다.

5센트는 Nickel 로 이루어져 있어 은색입니다. 니켈은 여기 발음으로는 '니끌'입니다. 10센트는 Dime으로 부르는데 5센트와 마찬가지로 은색입니다. 그런데 그 크기가 4가지 동전 중 가장 작습니다. 즉 1센트와 5센트보다도 작아 자칫 착각하면 돈 계산을 잘 못할 수 있습니다. 이렇게 작다보니 1센트만큼 1다임도 흔하게 길거리에 떨어져 있습니다. 1센트는 동전 가치보다 줍는 품이 더 많이 들어 내버려 두지만, 1 다임은 늘 줍습니다. 집안 살림에 보탬이 되어서리.ㅋㅋ 25센트는 Quarter 인데 미국 사람들은 '쿼터'라 발음 하지 않고 '쿼러'라 발음을 합니다. 버터를 늘 먹어서인지 발음을 참 잘 굴려요. '쿼터'는 '1/4'이라는 뜻을 가지고 있습니다. 1달러의 1/4은 얼마이겠어요. 25이지요. 그래서 1쿼러가 25센트에 해당합니다. 또 가끔 애칭으로 각 동전 앞면의 인물로 대신하여 부르기도 합니다.

곧 동전 앞면에는 역대 유명한 대통령 이름 곧 '에브러햄 링컨, 토머스 제퍼슨, 프랭클린 루즈벨트, 조지 워싱턴'이 그려져 있는데, 이들의 이름을 본 따 다음과 같이 부르기도 한다는 것이지요.

> 1 cent : 링컨 코인
> 5 cent : 제퍼슨 코인
> 10 cent : 루즈벨트 코인
> 25 cent : 워싱턴 코인

한편 우리나라처럼 물건가격을 싸게 보이게 하려고 상점들이 상품가격을 달러로 정하지 않고 0.9 또는 0.99와 같이 소수점 이하의 자리로 만들어, 가격표를 센트단위로 붙여놓는 경우가 많습니다.

예컨대 3달러짜리 물건은 저렴하게 보이려고 2.99로 판매한다는 것이지요. 이는

two dollars ninety nine cents

two dollars nine nine cents

로 읽습니다.

이 때 점원은 Here is your change '잔돈은 여기 있어요'하고 선심 쓰듯 1페니를 줍니다.

하지만 1페니를 주지 않는 경우가 많은데 특히 아침 식사를 하러 일찍 식당에 가면, '.99'와 같이 쓰여 있더라도 잔돈이 없다고 하여, 아래와 같이 말하고는 1페니를 주지 않는 식당이 매우 흔합니다.

I'm sorry.
We have no change.
미안합니다. 잔돈이 없습니다.

따라서 아침에 식당에 갈 때는 꼭 '체인지(잔돈)'를 가지고 가셔야 됩니다.

Black Friday?
언제예요?

'11월 넷째 주 금요일'은 Black Friday로 미국의 쇼핑 대목입니다. 이날 '한정 판매, 선착순 판매, 1+1 행사, 폭탄세일' 등 어마어마한 세일을 합니다. 그래서 사람들이 자정 전부터 쇼핑몰 앞에서 밤 새워 줄을 서서 기다립니다. 그런데 블랙 프라이데이를 우리말로 번역하면 '검은 금요일'이어서 이 날이 왠지 우울하거나 무서운 날인 거 같잖아요. 실은 정반대예요.

회계 장부를 쓸 때 수익을 나타내는 숫자는 black (검은색)으로 표시하고 반대로 손해 또는 지출을 나타내는 숫자는 red (빨간색)로 표시하잖아요. Black friday의 black은 바로 이 수익이라는 의미의 black입니다. 미국 쇼핑몰은 대개 1년 내내 적자를 보다가 이 날을 기점으로 이득을 본다고 하여 붙여진 의미입니다.

참고로 Black Cyber Monday도 있답니다. 이는 Thanksgiving day(추수감사절)이 지난 그 다음 주 월요일로, 인터넷 상에서 파격 행사를 하는 날입니다. 한국에는 잘 알려져 있지 않지만 여기는 매우 보편화된 날입니다. 한국에 있는 미국 회사들의 인터넷 쇼핑몰을 유심히 살펴보세요.

18
Buy one get one free!
원 플러스 원?

미국에 도착한 첫날, 시간이 남아 '오프리 몰'(opri mall)이라는 아울렛을 구경하게 되었습니다. 그런데 많은 가게가 Buy one get one free라는 문구를 걸어놓고 영업을 하고 있었습니다. 무슨 말인가 생각해 보니, '하나 사면 하나는 공짜'라는 말이더라고요.

Buy one 사세요. 하나!
get one 가져요. 하나! free 공짜로

물건 하나를 반값으로 팔면 될 것을 (반값 행사: 50% off sale) 미국 사람들은 쓸 데 없이 두 개를 사라고 부추긴다는 생각이 들었습니다. 그런데 곰곰이 생각해 보니 우리나라도 이런 행사를 늘 하더라고요.ㅋㅋ 뭘까~요?
예 정답은,

^_^ 원 뿌라스 원 ^_^
(One plus One)

음! 역시 구수한 콩글리시군. 이 말을 여기 사람들에게 하면 무슨 말인지 못 알아들어요. 대신 산수 질문인 줄 알고 'two'라고 말해요. ㅎㅎ
여기서 잠깐! 그럼 문제 하나 낼게요. 'Buy one get two free!' 공짜가 몇 개일까요?
예 정답은,

2개

Refund!
바꿔 줘

fund는 돈을 투자하는 것이잖아요. 그래서 '주식에 펀드하다'라고 흔히 말하는데 여기에 '다시'라고 하는 re가 붙게 되면 환불의 의미가 됩니다. 따라서 다음과 같은 말은,

I wanna get a refund.

'돈으로 바꿔 줘'가 됩니다. 재미있는 것은 개그콘서트의 정 여사처럼 억지로 우기면 여기서는 아무 말 없이 그냥 돈으로 돌려준다는 것이지요.

민욱 엄마의 용감무쌍한 일화를 알려 드리겠습니다. Krogger 크로거는 우리나라 농협이나 축협과 같은 곳인데, 민욱 엄마가 walnut 을 좋아해 여기서 큰맘 먹고 7달러 주고 샀습니다. 그런데 먹다 보니 호두에 쩐 냄새가 나서 바꿔야 되겠다고 전격적으로 결정했습니다. 그리고 저를 쳐다보더라고요. 음. 내참 ……. '쩐내'가 영어로 뭐지? 사전을 아무리 찾아봐도 적당한 말이 없고 ……. 그래서 말도 안 되는 몇 가지 영어를 준비한 채(bad oily smell, bitter oil 등) 비장한 각오로 service desk 로 갔습니다. 일단 직원한테 '리펀드'라고 질러놓고 '구구절절 변명해야지'라고 마음먹고 I wanna get a refund 라고 말했습니다. 그러자 너무도 허무하게 receipt please! 그리고 끝. 아무런 변명도 요구하지 않고 그냥 쿨하게 바꾸어 주데요. ㅎㅎ 즉 영수증과 물건만 그냥 있으면 그냥 바꿔주네요.

민욱 엄마 본격적으로 맛들인 거 같습니다. 어제는 민욱이가 한번 입은 옷을 '바꿔 줘'하고 돈으로 환불 받았습니다. 그리고 이제는 한 달 전 샀던 옷도 refund한다고 야단입니다. ㅋㅋ

명철 놀라워라!내년 돌아올 때 차도 매매센터 가서 영수증 들고 리펀드하면 되겠다!
명광 헉, 미처 그런 생각은. 대단하시네요.

표시된 가격 그대로 팔아요?
Is the price as marked?
정찰제예요. The price is fixed
할인을 하지 않아요 We don't discount sorry
깎아 주세요. Could you come down a little?

Can you possibly give me a discount?
깎아 주시옵소서!

여기에 우리 집과 같이 연구년을 오신 분이 계십니다. 그런데 이 분의 취미는 antique shop 골동품점에 가서 옛날 물건을 사는 것입니다. 이 분이 어느 날 저에게 재미있는 이야기를 해 주시더라고요. 앤티크 샵에 가서 그림을 유심히 지켜보니까 살 것 같다고 생각됐는지 주인이 왔답니다. 그리고 나서 20% 깎아 준다고 해서 아무 말 안 하고 있으니까 50%까지 내려가더라는 말입니다. (물론 그 분이 영어를 하기 싫어 하셔서 말을 하지 않은 건데)

저는 이 이야기를 듣고 사람 사는 곳은 어디나 다 에누리가 있구나 하는 생각이 들더군요. 물건을 무턱대고 가서 "깎아 주세요." 하면 여기 사람들은 꽤 황당해 합니다. 그래서 제가 물건값을 깎기 위하여 자주 써 먹는 표현을 알려 드리겠습니다.

1) 간 떠보기

Is the price as marked? 정찰가로 다 받아요?

* marked 표시된

만약 주인이 "The price is fixed."아니면 "We don't discount, sorry."라고 하면 그냥 신비주의를 고수하거나(침묵을 지키거나) 딴 데 갑니다. 그런데 간혹 주인이 강한 애정의 눈빛을 보낼 경우가 있는데 그 때는 다음과 같이 말합니다.

2) 들이밀기

Could you give me a discount?

Could you come down a little?

♣ 참고 'Can you → Would you → Could you → Could possible' 순으로 표현이 좀 더 정중해집니다.

> Can you give me a discount? 깎아 줄래?
> Would you give me a discount? 깎아 주세요.
> Could you give me a discount? 깎아 주시겠습니까?
> Could you possibly give me a discount? 깎아 주시옵소서.

만약 주인이 깎아 줄 의향이 있다면 아래와 같이 대개 말합니다.

I can get the price down to $20
20달러까지는 낮추어 줄 수 있습니다.

이때는 한 번 더 흥정할 여지가 있잖아요. 그럼 여지없이 다음과 같이 말합니다.

3) 더 깎아 보기

Too steep
또는
Too expensive 너무 비싸요.
Could you make it a little cheaper? 좀 더 싸게 해 주세요.

이 때 주인이 더 깎아 준다는 말을 하거나 아니면 주인이

This price is as low as I can go. 더 이상 낮출 수 없어요.
* as low as I can go 내가 할 수 있는 최대한으로 싸게 한,

라고 말하면 흥정은 거의 성사된 것이나 다름없어요. 위 표현이 어렵다면 상황 상황에 따라 다르지만 약간은 콩글리시를 섞어 아래와 같이 말해도

discount 할인 → too steep 너무 비싸 → cheaper 좀 더 싸게
대부분 잘 알아듣습니다.

참고로 쇼핑할 때 clearance sale 클리어런스 세일이라고 쓰여 있는 코너가 많아요.

'클리어런스'는 '깨끗하게 없애버림'이라는 뜻으로 '클리어런스 세일'하면 한국의 '폭탄 세일' 또는 '재고 정리 세일'이라 할 만해요.

민욱 엄마가 어린이용 바지를 샀습니다. 그 이유가 10달러짜리를 7달러에 할인한다고 하여 싸다고 하여 산건데요. 그런데 그 '바지'가 어느 날 가보니까 매장에 'clearance sale'이라고 붙어 있더라고요. 그리고 가격표가 2달러가 붙어 있자, 민욱 엄마가 굉장히 억울해 하더라고요. 더한 것은 영수증도 버려서 환불할 수도 없는데 말이죠. ㅋㅋ 민욱 엄마, 결국 2달러짜리 2개를 더 사는 과감한 결단(?)을 실행하였습니다.

21
Voucher
교환권

　우리 집 식구들이 시카고를 여행했을 때, 이용했던 것은 'Go-Chicago Card'였습니다. 이 카드는 시카고 시에서 가 볼만 한 곳들을 패키지로 묶은 할인 입장권입니다. 이 카드가 있으면 관광지에서 줄을 안 서고 바로 들어갈 수 있을 뿐만 아니라 최대 50%까지 할인도 받을 수 있어서 여러모로 편리합니다.

　그런데 이러한 카드는 시카고에만 한정되어 있는 것이 아니라 미국의 큰 도시는 대개 이와 유사한 패키지 프로그램이 운영되고 있습니다. 이러한 패키지 프로그램을 '고 카드'라고 하는데 미국 여행을 하는 데 매우 큰 도움이 됩니다. 참고로 시카고 시 이외에 Boston, Los Angeles, Miami, New York, Orhu, Orlando, San diago, San Francisco 등이 '고 카드'를 운영하고 있습니다.

　그런데 돈을 지불하였다고 하더라도 온라인(인터넷 상)에서는 단지 바우처(Voucher)만 얻을 수 있을 뿐, 이 'Go-Chicago 카드'를 바로 받을 수 없습니다. '바우처'란 쉽게 말하여 '지불 증명서(영수증 또는 교환권)'일 뿐입니다. 즉 상품을 받기 위해서는 이를 인쇄한 후 정해진 장소에 가서, 그 상품(여기서는 고 시카고 카드)을 받아야 한다는 것입니다.

voucher
상품 대금을 지급하였다는 증명서(교환권)로, 나중에 이 증명서를 들고 가면 해당 상품을 받을 수 있음.

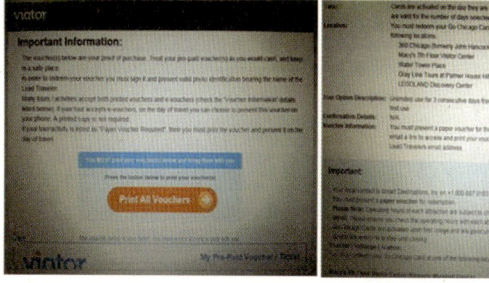

Go-Chicago 홈페이지

위 '바우처'를 보면 여러 가지 주의 사항이 있습니다.

1) 중요 정보(Important Information)

The voucher(s) below are your proof of purchase. Treat your pre-paid voucher(s) as you would cash, and keep in a safe place. In order to redeem your voucher you must sign it and present valid photo identification bearing the name of the Lead Traveler. Many tours / activities accept both printed vouchers and e-vouchers (check the 'Voucher Information' details listed below). If your tour accepts e-vouchers, on the day of travel you can choose to present this voucher on your phone. A printed copy is not required. If your tour/activity is listed as "Paper Voucher Required", then you must print the voucher and present it on the day of travel.

바우처(voucher)는 구입(purchase)을 했다는 증명서입니다. 선지불(pre-apid) 바우처를 현금(cash)처럼 다루어야 합니다. 그래서 안전한 장소에 보관하셔야 합니다. 바우처를 카드 티켓으로 바꾸기 위하여(redeem), 이 바우처에 서명을 해야만 하고, 여행 리더(lead Traveler)의 이름이 들어 있는 유효한(valid) 사진 ID(identification)를 제시해야만 합니다. 대부분의 여행/활동은 종이 바우처와 e-바우처 모두 허용됩니다.(자세한 바우처 정보는 아래에 있습니다.) -바우처를 다운 받으면 여행 시 핸드폰에 들어있는 e-바우처를 제시할 수 있습니다. 이 때 종이 바우처는 제시하지 않아도 됩니다.

···생략···.

2) 시간 및 교환 장소(Time and Location)

(1) Cards are activated on the day they are first used and are valid for the number of days selected.
(2) You must redeem your Go Chicago card at one of the following locations:
360 Chicago(formerly John Hancock Observatory)
Macy's 7th Floor Visitor Center
Water Tower Place
Gray Line Tours at Palmer House Hilton
LEGOLAND Discovery Center
(3) Unlimited use for 3 consecutive days from the time of first use
(4) You must present a paper voucher for this tour.
(5) Go Chicago Cards are activated upon first usage and are good until 5.30 pm daily.

(1) 카드가 처음 사용되는 순간 카드가 활성화(activate)되어 이 기간 이후 정해진 기간에만 유효(valid)하게 됩니다.
(2) 교환 장소(Location) : 다음과 같은 장소 중 한 군데에서 고 시카고 카드를 받을 수 있습니다.
360 시카고(이전 존 핸콕 전망대)
7층에 위치한 매시 방문자 센터
워터 타워
팔머 하우스 힐튼 호텔 그레이 라인 관광버스 여행사
레고랜드 디스커버리 센터(장난감 센터)
(3) 첫 번째 사용 시간으로부터 연속(consecutive) 3일 동안 무제한(unlimited) 사용.
(4) 카드 교환을 위해 종이 바우처를 제시해야 합니다.
(5) 고 시카고 카드는 5시 30분까지 사용 가능합니다.

위와 같은 바우처는 '시카고'에만 해당하는 것이 아니라 미국의 다른 도시 투어에도 대부분 적용되기 때문에 알아두시면 편리합니다. 여기서 말하는 바를 정리하면 다음과 같습니다.

인터넷 바우처 구입(온라인 결제) → 현지 교환소에서 바우처를 카드 티켓과 교환 → 카드 티켓을 각 관광지 입장 시 제시

그런데 위 내용을 잘 보면 우리에게 낯선 점이 몇 가지 점이 있는데

첫째, '바우처'가 현금의 역할을 한다는 것입니다. 따라서 분실하면 이를 주운 사람이 전자 티켓으로 교환할 수 있기 때문에 주의해야 됩니다. 다시 인쇄하여 가지고 가더라도 다른 사람이 교환하였다면 티켓을 받을 수 없습니다.

둘째, '바우처'를 카드 티켓으로 교환하기 위해서는 다른 사람보다 여행 리더(lead Traveler)의 사진이 들어간 ID(신분증)가 필요하다는 것이지요. 그리고 한번 리더는 그 여행이 끝날 때까지 리더입니다. 왜냐하면 관광지에서 그 리더만 신원을 확인하니까요. ㅋㅋ

셋째, '바우처'를 카드 티켓으로 교환할 때는 아침 일찍 교환하는 것이 좋습니다. 왜냐하면 아침에 바우처를 교환하든 저녁에 교환하든 모두 하루로 계산되기 때문이지요. 더 나아가 저녁에 카드를 발급 받으면 야간에는 사용할 수 없는 경우가 많기 때문에 아무것도 구경하지 못하고 하루를 고스란히 날리는 불상사가 발생할 수 있습니다. 이거 다 시행착오를 겪고 배운 겁니다. 흑흑

넷째, 그래서 교환 장소를 잘 알아두어야 하는 데, 무턱 대고 여행지를 갔다간 어디서 '바우저'를 교환하는 시 헤매게 됩니다. 그러면 시간은 흘러 흘러갑니다. 여행, 좋치게 됩니다. 흑흑.

다섯째, 고 시카고 카드 사용 시간은 저녁 5시 30분까지만 사용 가능하여서, 그 이후는 고 시카고 카드가 무용지물이 됩니다. 곧 해당 관광지에 돈을 내고 입장해야 합니다.

휴! 원래 오늘 '바우처(voucher)'와 '리딤(redeem)'에 대해 말하려고 했는데, '바우처'만 간신히 말했네요. 음.

명철 편리하긴 하겠지만 너무 짧은 사용 기간이네! 여행 기간이 긴 미국 사람들 왜 그렇게 짧게 정했을까? 번거롭게?
명광 일주일짜리도 있어요. 근데 진짜 불만한 거는 짧은 기간에도 가능해요 ㅋㅋ

Redeem
다른 물건으로 교환하기

어제 '바우처'라는 말이 교환권(또는 지불 영수증)이라는 말을 했잖아요. 그런데 이 말의 의미보다 좀 더 낯선 단어가 동사 '리딤' redeem 과 명사형 '리뎀프션' redemption 입니다. '바우처'도 우리에게 낯선 단어인데 '리딤'까지 쓰여 있어서 그 내용을 이해하는 데 꽤 애를 먹었습니다. 일단 '바우처'에 나온 표현 중 일부를 적으면 아래와 같습니다.

1) redeem

You must redeem your Go Chicago Card at one of the following locations.
다음 장소 중 한 군데에서 고 시카고 카드를 리딤해야만 합니다.

2) redemption

You must present a paper voucher for redemption.
'리뎀션'을 위해 종이 '바우처'를 제시해야만 합니다.
일단 '리딤'의 의미를 정확하게 알기 위하여 영한사전의 의미를 아래와 같이 대입해 보았습니다.

3) 다음 장소 중 한 군데에서 고 시카고 카드를 redeem : (보완/만회/구원/청산/상환/되찾음/약속 준수)해야 합니다.

그런데 대입한 말이 모두 어색해요. 사전에서 이 개념과 유사한 것에 '현금으로 바꾸다'라는 뜻이 있지만 역시 만족스럽지 않습니다. 곧 '바우처'를 기껏 얻었더니 다시 현금으로 바꾸는 우스운 해석이 된 거지요. 불만족스러워! 그래서 민욱이네 사전으로 다시 정의하였습니다.

4) 어떤 물건을 다른 물건으로 교환하다.

여기서 중요한 말은 '다른 것으로'와 '교환'이라는 말이 핵심입니다. 다시 돌아와서, You must redeem your Go Chicago Card at one of the following locations.라는 말은 "현지 교환 장소에서 ('바우처'를) '고 시카고 카드'로 교환하세요."가 됩니다. 즉 어떤 물건(바우처)을 다른 물건(카드)로 교환하기 때문에 '리딤'을 쓸 수 있습니다. 그런데 리딤의 뜻이 이것 하나라면 어렵지 않을 텐데 이 이외에도 다른 뜻이 많기 때문에 주의해서 사용해야 합니다. 아래 기사에서 사용된 리딤이 대표적입니다.

5) The team was nicknamed the "Redeem Team", a play on an alternative name for the legendary 1992 squad that was called the "Dream Team", and a reference to the fact that the United States came away with a disappointing Bronze Medal during the 2004 Summer Olympics at Athens.

* nickname : 별명을 짓다 alternative : 다른, 대안의, squad : 선수단, 분대

6) 2004년 그리스 아테네 하계 올림픽에서 미국 대표가 실망스러운 동메달을 땄던 사실을 떠올리면서, 소위 드림 팀으로 불렸던 1992년도 전설의 선수 군단의 이름을 본따, 이들 팀의 별명이 '리딤: 팀'으로 정해졌다.

위 문맥을 보면 '리딤'이 어떤 뜻인지를 대충 짐작을 하시겠지요? 예, 맞습니다. '옛 영광을 되찾다, 회복하다'의 뜻입니다. 미국 올림픽 농구 대표를 순수 아마추어를 뽑은 나머지 매번 올림픽에서 메달을 획득하지 못하자, 올림픽 규정까지 바꾸어 프로 선수도 올림픽에 출전할 수 있도록 만든 것 기억나시는지요. 1992년 당시 프로 선수로 결성된 대표 팀이 파죽지세로 이겨 금메달을 따게 되었는데 그 팀 이름이 '드림팀'이었습니다. 하지만 2004년도 아테네 올림픽 때에는 미국 대표 팀이 동메달을 따 미국인들이 많은 실망을 했습니다. 그래서 그 다음해 '드림팀의 영광을 다시 한 번'이라는 모토로 미국 Fiba 우승 주역들을 주축으로 새로운 농구팀을 만들었습니다. 그리고 그 이름을 리딤이라 지었습니다. 말 그대로 '옛 영광을 다시'라는 의미로요.

다음에 redeem은 이 이외에 또 다른 뜻이 있는 데요. '다시 사다'의 의미가 그것입니다. 정확히 말하면 '시장에서 어떤 것을 사는 행위'로 옛날에는 '시장'은 주로 '노예 시장'를 뜻했어요. 즉 노예 시장에서 다른 사람에게 속해 있는 노예를 돈을 주고 풀어주

는 행위를 '리뎀션'(redemption)이라고 하며(이를 속량이라고 함), 그것의 동사형 리딤은 (돈 또는 물건을 주고) '다시 사다, 되 사다'의 의미를 가집니다. 이 의미는 기독교에서는 '구원'의 뜻을 지닙니다.

7) 기독교에서 리딤 의미

- 이 용어는 특히 노예를 해방시키기 위하여 돈을 주고 사는 행위를 지칭한다.
- 이 개념은 십자가 위에서 그리스도의 죽음을 표현하는 말이다. 우리가 리딤된다는 것은 전제 조건이 우리가 노예인 것이다.
- 하나님이 우리의 자유를 다시 샀기 때문에 우리는 더 이상 죄에 구속되지 아니하고, 구약에 얽매이지 않게 된 것이다.
- 이 '리뎀션'의 비유적 표현은 '갈라디아서 3:13과 4:5'에 나온다.
- 예수께서는 죽음으로 우리의 삶과 맞바꾸셨다. 실제로 성경은 "그의 피로" 즉 죽음으로써만 '리뎀션'이 가능하다는 것을 보여준다.

즉 노예 시장에 있는 노예들을 사서 해방시켜 주듯이, 죄의 노예들을 그리스도의 십자가 보혈로 다시 사는 것을 '리뎀션'이라고 한다는 거지요. 그런데 그리스도께서 우리를 '다시 살' 경우 결과적으로 우리가 구원받기 때문에, '리뎀션'은 기독교에서 '구원, 속량'의 의미로 굳어지게 된 것입니다. 이 기독교적 사상을 이해할 때 우리는 1995년도 영화 '쇼생크 탈출'(주연: 팀 로빈스, 모건 프리먼 등)에 담긴 철학적 개념을 이해할 수 있게 됩니다. '쇼생크 탈출'의 원 제목은 쇼생크 리뎀션("The Shawshank Redemption")입니다. 프랭크 다라본트 감독이 의도한 바는 단순한 탈출 영화를 만들려고 한 것이 아니라, 이 영화를 통해 죄로 가득한 세상의 축소판인 쇼생크 감옥 노예들의 '정신적 또는 종교적인 구원'이라는 철학적 이야기를 표현하고자 한 것입니다. 아울러 단순히 감옥 안의 공간에서 감옥 밖의 공간으로의 이동이 구원이 아님을, 가석방된 '브룩스 헤이틀런'의 자살에서 암시합니다. 구원에는 구원을 받고자 하는 의지 곧 '희망'을 가진 자만이 얻을 수 있는 특권임을 말해줍니다.

'리뎀션'의 의미를 알면 하늘을 향해 팔을 드는 명장면은 탈출 이외의 의미 즉 자기 자신이 구원(redeem yourself) 받았다는 주인공의 암시적 희열이 담겨 있음을 알 수 있을 겁니다.

23

Can I use flex point?
플렉스로 물건 사기

미국 대학교 대부분은 flex 제도를 운영하고 있습니다. '플렉스'란 일정한 돈을 학생 카드에 넣고 적립시킨 포인트로 식사를 하거나 구내 매점에서 물건을 구입할 때 사용하는 일종의 전자 화폐입니다.

플렉스의 원래 의미는 '유연한'입니다. 먼저 일정 금액을 계좌에 넣고 필요할 때 유연하게 쓴다는 개념을 가지고 있지요. 다만 이 전자 화폐는 학교 안에서만 사용되는 교내 달러입니다. 그리고 이 플렉스는 한 학기가 지나면 계좌에 잔고가 남아 있다고 하더라도 자동 소멸됩니다. 그래서 언뜻 보기에 안 좋은 것처럼 보이나 나름대로 몇 가지 장점을 가지고 있습니다. 우선 미리 돈을 내기 때문에 금액을 할인 받을 수 있는 이점이 있습니다. 또한 '플렉스'를 적립하는 사람이 교직원인 경우 그 만큼의 액수를 나라에서 세금 공제 혜택을 받을 수 있습니다. 미국은 우리나라보다 세금이 매우 높습니다. 주세금(State tax)과 함께 연방세금(Federal tax)을 이중으로 내기 때문이기도 하고, 정년 후 연금 혜택이 많기 때문에 그만큼 봉급자들에게 세금을 많이 부과하기 때문입니다. 따라서 봉급자들이 세금 공제를 받고자 다양한 노력을 하는데, 이 중 하나가 바로 '플렉스'제도를 통한 세금공제방법입니다. 더불어 기부를 많이 하는 것도 하나의 절세 방법이기 때문에 기부 문화도 활성화되어 있습니다.

다시 돌아와서 플렉스는 meal plan 식사 구매 계획과 밀접하게 연결되어 있습니다. 즉 '식사를 한 학기에 몇 회를 할 건가?'와 '플렉스 적립을 얼마로 할 건가?' 하는 plan 인데 미리 학기 초에 계획한 돈을 냅니다. 예를 들어 식사 권 175회 '식사권' 더하기 '플렉스' 400 달러와 같은 플랜이 그것이지요. 이것을 175/400 밀 플랜이라고 하는데 Murray State University에서는 1,668 달러를 내야 합니다. 약 180만 원 정도이지요. 식사 값 비쌉니다. 그래서 순수한 플렉스로만 적립하는 밀 플랜이 있는데, 식사한 만큼 돈을 차감하는 형식이지요. 한편 이러한 제한적인 식사권도 있지만 무제한 식사권도 있습니다. 영어로 unlimited 라고 합니다. '언리미티드'의 좋은 점은 1학기에 최대 8명을 식당에 초청할 수 있으며 75불이 플렉스로 적립되어 있다는 겁니다.

참 복잡하고 학교마다 그 조건도 약간씩 다르지만, 이 플렉스는 미국 대학교 대부분이 운영하는 제도로 미국에 유학하러 오려는 학생이면 반드시 알아야 되는 제도입니다. 더 나아가 미국 사회 전반적으로 '플렉스'가 보편화되어 있는데요. 예컨대 말도 많고 탈도 많은 민간 의료 보험, 연금 등에도 플렉스 제도가 있어요. 미리 할인 받은 적립 금액을 의료 보험, 또는 연금이 필요할 때 사용하는 제도인데요. 미국은 정부가 의료 보험을 책임을 지지 않기 때문에(물론 지금은 오바마 정부에서는 한국의 의료보험제도를 본 따 국가차원의 의료보험을 구축하고 있지만) 개인이 의료 계획을 세워 의료 혜택을 받기 위하여 필요한 금액을 적립하는 플렉스 보험이 있다는 겁니다. 슬픈 현실입니다. 엉뚱한 말이지만 일부 한국 사람중 한국정부도 민간차원의 의료보험으로 개악하자는 의견이 있는데 그 사람들 미국의 민간의료보험의 부작용을 직접 봐야 돼요. 요지는 한국에서는 그나마 잘 되고 있는 국가 주도의 보험운영을 절대로 이 민간 의료 보험으로 전환하면 안된다는 것이지요. 미국에 사는 사람들은 우리나라가 민간 의료 보험을 도입하려 한다고 하자 다들 공통적으로 crazy(크레이지, 미친 ****)라고 합니다. 오바마가 그렇게 본받으려 하는 한국 보험 제도를 없애려고 하다니 여기 사람들 이해를 하지 못해요. 그리고 다음과 같은 말도 합니다. 미국 직장인들이 큰 병으로 병원에 입원하면 대부분 파산할 뿐만 아니라, 그 다음 해에 보험 가입이 거부된다고.

음. 에고~~~. 머레이 대학교 안에 Sushi Store 초밥집이 있어요. 민욱이와 민욱 엄마가 이 쓰시를 좋아하여 가서 사 먹는데요. 돈으로 내기는 아깝고 하여 적립되어 있는 '플렉스'로 '쓰시'를 삽니다. 플랙스를 사용할 때 쓰는 말은 아래와 같아요.

Can I use flex point to pay for sushi roll? 초밥을 플렉스로 지불할게요.

그리고 그 '플렉스'가 얼마 남았는지 자주 체크해야 하는데 점원에게 얼마 남았는지를 물어보는 말은 아래와 같습니다.

How much flex money is left ? 플렉스가 얼마 남았어요?

그나저나 오늘 초밥집이 열었나?

24

Great food, Low prices
아는 만큼 보인다.

우리가 미국에 처음 왔을 때 마켓에 있는 lobster가 싸다 싶어 샀다가, 된통 바가지를 썼던 기억이 있습니다. 그 랍스터의 가격이 placard 플래카드에 12.99로 쓰여 있어서 미국이 한국보다 싼가보다 하고 종업원에 가장 큰 거 달라고 했다가, 무료 3배에 해당되는 40달러의 거금을 내고 먹은 쓰라린 기억 말이에요. 12.99달러가 1파운드당이라는 사실을 몰랐기 때문이지요.

Great food, Low prices
WILD CAUGHT LIVE LOBSTERS
12⁹⁹ LB

위 '플래카드'를 보면 우리나라도 그렇듯이 장점은 크게 써 놓는데 위 그림에서도 볼 수 있듯이 자연산을 강조하여 WILD CAUGHT LIVE LOBSTERS, 자연산 살아있는 랍스터"라고 써 놓은 것과 함께 12.99와 같이 가격을 보면 이를 잘 알 수 있습니다. 큼지막하게 적어 놓은 것 반면에 단점 즉 1 pound(LB)가 12.99라는 사실은 아주 작게 써 놓아 우리가 깜박 속았던 겁니다. 음. 속은 사람이 잘못이지요. 그래서 민욱 엄마와 저는 물건을 살 때 큰 글씨보다도 작은 글씨를 좀 더 유심히 보는 습관이 들었어요.

계산 단위와 관련하여 몇 가지를 더 써보면 아래와 같아요.

우선 우리나라 강화도 순무 맛이 나는, 하지만 맛이 좀 더 쓴 radishes 빨간무의 옆을 보면 작은 글씨로 ea 라고 쓰여 있습니다. 이는 영어의 'each'로 우리말로 '개당'이라는 뜻이에요. 여기서는 '한묶음'이 '한개당'에 해당합니다.

'방울토마토'는 영어로 grape tomato 인데 작은 글씨에는 '10 oz'로 쓰여 있지요. oz 를 여기서는 '아즈 또는 아운즈'라 읽는데 한국말로 '온즈'입니다. 가벼운 무게를 잴 때 쓰는 단위입니다. '1.99달러'라고 쓰여 있어서 한국과 비슷

한 가격이지만 그냥 샀다가는 역시 낭패를 봐요. 왜냐하면 옆에 with card라고 쓰여 있기 때문입니다. 이 뜻은 문자 그대로 보면 "카드를 주면"이라는 뜻입니다. 저는 이를 액면 그대로 믿은 나머지 '이 나라 사람들은 현금보다 신용카드를 좋아하는 군'하며 물건 계산할 때 현금이 아니라 '카드'만 냈습니다.  그리고 나서는 영수증도 보지 않은 채 무턱대고 사왔는데 할인이 다 안 되었더라고요. 할인이 안된 것을 나중에 알게 된 후 화가 나서 물었더니 여기서 말하는 카드란 '회원 카드'라고 말하더라구요. '월마트'에는 그런 것이 없지만 좀 한다는 '마트'에서는 해당 마트의 '회원 카드'를 만들어야 합니다. 저희는 온지 한 달 지난 후 그 회원 카드를 만들었습니다. 흑흑. 그동안은 손해를 본 거지요. 한편 '방울토마토'를 영어로 'grape tomato'라 말하는데 이를 문자 그대로 번역하면 '포도 토마토'라는 뜻이 되요. 그리고 봤더니 '모양'과 '크기'가 꼭 포도 모양이네요. 물론 미국 포도를 닮았다는 거예요. 미국 포도는 옆으로 길쭉한 모양인데 이것이 방울토마토의 모양과 크기와 닮아서 이렇게 '포도 토마토'로 부르는 것 같습니다.

이젠 이 말뜻을 다 이해하겠지요. 미국에서도 대개 원산지를 밝히는데 '미국산'을 매우 강조합니다. 한국이든 미국이든 자국 산을 믿고 신뢰하기는 매 한가지인 것 같습니다. 그런데 정확하게 1파운드만 샀다고 하더라도 가격은 99센트가 아니라는 거예요. 계산서에는 약 1달러 9센트 정도가 나옵니다. 즉 여기는 말 안했지만, 거의 모든 물건의 가격은 not included tax 세금 불포함이라는 것이지요. 이 후에 우리는 당장 회원카드를 만들었습니다. 그리고 3,000원 하는 '자연산 석화' OYSTER EAST COAST WILD CAUGHT 를 2,000원에 사 먹었습니다.

'굴'은 영어로 oyster 인데 미국 동해안에서 잡은 것을 최고급으로 칩니다. 여기서 동해는 우리가 다음 주에 가려고 하는 플로리다 연안을 말합니다. 맛은 한국의 '갯굴'과 같이 약간 쌉싸름한 맛도 납니다. 아무튼 맛있어요.

다시 돌아와서, 포장지 위에 보시면 빨간색으로 special 스페셜이라고 쓰여 있는 글씨가 보이시죠. 이것은 '특가'라는 뜻이어서, 액면 그대로 보면 우리가 간 크로거 마켓만의 특가인 것처럼 보이지만, 유통기간이 얼마 안 남은 식품에 이런 딱지가 대개 붙어 있어요. ㅋㅋ 아무튼 5달러 49센트짜리 석화를 1.99달러에 잘 먹었습니다.

What do you mean lb?
파운드의 약자가 왜 lb이지?

전 세계적으로 무게를 잴 때 쓰는 단위는 대개 kg과 g입니다. 하지만 몇몇 국가에서는 자국의 무게 단위를 병용해서 사용하기도 합니다. 잘 알다시피 우리나라에서는 '근'을 쓰고 (표준 600g) 영어에서는 '파운드' 또는 '온스(영어 발음, 아즈 또는 아운스)'를 씁니다. 1 pound(lb) 는 약 453.6 g에 해당하며 1 ounce 는 약 28.35g에 해당하며 16 온스는 1파운드입니다. 또 우리나라 '1근'을 파운드로 계산하면 1.32 lb이며, '1kg'을 파운드로 계산하면 2.2 lb에 해당합니다. 그런데 저희가 처음에 왔을 때 lb를 어떻게 읽어야 될지 몰랐어요. 나중에 lb가 파운드라는 말이라는 것을 알게 되었지만 여전히 왜 p(pound의 p)로 쓰지 않고 lb로 쓰는가는 매우 궁금했어요. 한국어로는 설명이 되어 있지 않아서 '호기심해결(http://mentalfloss.com) 사이트'에 들어가서 찾아보니까 다음과 같이 나와 있더라고요.

lb(s)는 라틴어 libra (라이브러, 단수형)의 생략형이다. libra는 astrological sign 점성술에 사용되는 '천칭 저울'을 의미할 뿐만 아니라 무게로서의 1 파운드(a pound by weight)라는 뜻인 고대 로마의 측정 단위 libra pondo를 상징한다. 그런데 'libra pondo'의 pondo가 영어 단어 'pound'의 유래이지만, 앞 말 libra의 생략형 lb를 파운드라 읽는다.

말은 어렵지만 라틴어 'libra(무게)+pondo(파운드)'에서 발음은 'pondo'에서 글자는 'libra'에서 따왔다는 거예요. 그래서 'lb'를 '파운드'로 읽는다네요. 한편 우리가 찾아본 사이트 이름 mentalfloss 맨털플로스는 영어 신조어로 꽤나 재미있는 의미를 담고 있습니다. 그것은 mentalfloss의 mental 정신과 dental floss 치실의 floss가 합쳐진 말이기 때문이지요. 우리가 이 사이에 무엇이 끼어 있으면 굉장히 찝찝하고 답답하여 계속해서 빼려고 시도하잖아요. 이 때 치실이 있으면 그 찝찝함과 답답함을 시원하게 해결할 수 있잖아요. 이와 마찬가지로 '정신의 찝찝함과 답답함'을 해결하는 치실이라는 의미로 mentalfloss가 만들어진 것 같습니다. 아이고! 생각이 다른 데로 계속 번지네요. "아임 쏘리." 다시 돌아와서 '파운드'나 '안즈'에 대해서 말해보겠습니다. 1파운드는 물건의 가격뿐만 아니라 몸무게를 잴 때도 이 단위를 씁니다.

하지만 파운드를 우리가 잘 쓰지 않기 때문에 무게 단위 환산표를 놓고 보지 않는 한 그 개념이 잘 잡히지 않아요. 그렇지만 이것도 생각하기 나름인데요. '파운드'를 1/2로 나누면 kg이 비슷하게 나옵니다. 예를 들어 100파운드를 2로 나누어 주면 50kg이잖아요. 실제로는 45kg이니까 얼추 맞습니다. 좀 더 정확히 하려면 나온 무게에서 10%를 줄이면 거의 정확한 kg이 나옵니다.

'파운드/2 – 10%', 이건 제가 감을 익히려고 만든 계산법입니다. ㅋㅋ 그러면 '안즈(한국어로 온스)'는 어떨까요. '안즈'는 그냥 28을 곱하면 됩니다. 10안즈는 280g이지요. 소고기 반근이 조금 못 됩니다. 보통 식당에서 스테이크를 시킬 때, 좀 적게 주는 데는 8안즈(200g, 1/3근)를 주구요. 좀 잘 준다 싶으면 10안즈(소고기 반근 보다 약간 적게) 또는 12안즈(소고기 반근보다 약간 많게)를 줍니다.

lb	Kg	lb	Kg
90	40.8	160	72.6
95	43.1	165	74.8
100	45.4	170	77.1
105	47.6	175	79.4
110	49.9	180	81.6
115	52.2	185	83.9
120	54.4	190	86.2
125	56.7	195	88.5
130	59.0	200	90.7
135	61.2	205	93.0
140	63.5	210	95.3
145	65.8	215	97.5
150	68.0	220	99.8
155	70.3	220	99.8

명철 전에 볼링할 때 볼을 15파운드 사용했는데 약6.8kg이네! 지금은 무거워서 어깨 빠져!
명광 15/2—10%로 계산하셨네요. ㅋㅋ

26
Size 2 4 6
도대체 크기가 어느 정도야?

수선 alteration
줄이다 take it in
늘이다 Let it out
소매 Sleeves

한국도 그렇지만 여기도 쇼핑과 할인의 천국입니다. 매일 바겐세일을 하는 데가 있는가 하면, Tj-maxx처럼 브랜드가 있는 옷들을 상시 재고 정리 세일하는 점포도 있습니다. 또한, 쌩스기빙데이, 블랙 프라이데이, 크리스마스, 사이버 먼데이 등 틈만 나면 세일을 합니다. 그런데 막상 쇼핑을 하러 가면 의류나 신발의 경우, 크기를 나타내는 단위가 달라 어떤 사이즈가 내 몸에 맞는지를 파악하기 매우 어렵습니다. 음! 여성들이 쇼핑을 더 좋아하니 먼저 여성 의류에 대해서 살펴볼게요.

1) 여성 의류

저는 여성 옷에 대하여 잘 모르지만 여성들의 옷은 한국에서 44, 55, 66 사이즈-(또는 85, 90, 95인치) 식으로 나간다고 하더라고요. 그런데 미국에서 여성 옷은 Size 2, Size 4, Size 6 등 2, 4, 6, 8과 같이 짝수로 나갑니다. 처음에 이러한 사이즈가 생소하여 민욱 엄마는 그것이 자기 체형에 맞는지 그렇지 않은지를 늘 고민하더라고요. 물론 XS, S, M, L, XL, XXL로도 부르기도 하지만 사이즈가 한국처럼 엿가락 사이즈에요. 회사마다 상품 마다 차이가 있다는 뜻이죠. 그래서 한국 사이즈와 미국 사이즈를 대강 비교해 보았습니다.

미국		한국	
2	XS	44	85
4	S	55	90
6	M	66	95
8	L	77	100
10	XL	88	105
12	XXL	99	110

위와 같은 개념을 아시면 아래와 같이 점원이 묻는 답을 나이스하게 할 수 있겠지요.

What size do you wear?
사이즈가 몇인 옷을 입습니까?

미국 옷은 위에 나타난 사이즈보다 품이 크기 때문에 size를 낮추어 부르는 대담함을 보여도 됩니다. ㅋㅋ 민욱 엄마 사이즈가 55로 size 4인데 늘 크다고 하네요. 그래서 한 단계 낮춘 size 2를 고릅니다. 한편 입어보고 옷이 좀 작다 싶으면,

A little tight. Can I have a larger size?
좀 작네요(꽉 끼네요.). 좀 큰 사이즈 없나요?

좀 크다 싶으면,

A little loose. Can I have a smaller size?
좀 크네요(헐렁하네요.). 좀 더 작은 사이즈 없나요?

라고 표현하면 됩니다. 그러면 종업원이 찾아봐 주거나,

It fits you well.
딱 맞는데요. 뭘!

이라고 너스레를 떨 겁니다.

한편 어떤 옷가게는 수선이 가능합니다. 그러면 다음과 같이 말할 수 있어요.

Do you do alterations here as well?
여기서 수선도 해 주나요?

It is too loose.
Could you take it in a little?
헐렁한데, 좀 줄여 주실 수 있을까요?

It is too tight.
Could you let it out a little?
꽉 끼는데, 좀 늘려 주실 수 있을까요?

지난 번 민욱이가 음악회에서 연주하기 위하여 양복을 사러 월마트에 갔는데, 여기서는 수선을 해 주더라고요. 그런데 민욱이가 너무 날씬하여, 허리를 좀 줄여 달라고 하였는데, 제가 콩글리시를 하여 못 알아듣더라고요. 제가 말했던 콩글리쉬!

Could you reduce pants?
바지 좀 줄여 주세요.

위와 같이 말했거든요. 그러니까 종업원이 '헐'하는 표정을 짓더라고요. 그래서 '줄여 주다'를 reduce 로 하면 안 된다는 것을 확실히 알았습니다. 대신에 take in 으로 써야 됩니다.

Could you take in pants a little?

아참! 미국 옷은 여성복이나 남성복 모두 한국보다 소매(sleeves, 슬리브즈, 소매)가 길어요.

2) 여성 신발

미국의 여성 신발 크기 단위도 한국과 다릅니다. 한국은 길이로만 신발 크기를 나누지만 미국에서는 길이와 함께 폭도 병기되어 있습니다. 우선 길이는 size 5,6,7,8 등으로 구분하며, 폭은 N(Narrow, 네로우, 좁음), M(Medium, 미디엄, 중간), W(Wide, 와이드, 넓음), XW(X-Wide, 엑스 와이드, 아주 넓음)으로 구분합니다.

사이즈를 한국과 비교하면 아래와 같아요.

5	220
5.5	225
6	230
6.5	235
7	240
7.5	245
8	250
8.5	255
9	260
9.5	265
10	270
10.5	275

위는 규칙이 있는 데 사이즈에서 -3을 한 후 10을 곱하면 한국 사이즈(물론 여성 신발 사이즈에만 해당 됨)가 나온다는 거예요. 예를 들어 사이즈 5이면 -3을 하면 2이잖아요 여기에 10을 곱하면 20이 됩니다. 물론 앞에 2(백단위)는 붙여야 되겠지요. 그러면 220이 나옵니다. (size 5 = 5-3×10+200=220)

참고로 민욱 엄마는 7.5 W를 삽니다. ㅋㅋ 읽는 법은 '쎄븐 앤 해프 와이드(Seven and half wide)'입니다. 언뜻 보기는 어려운 것 같지만 한 번 해 보시면 쉽다는 걸 금방 눈치 채실 거예요.

27

Sweat suits
츄리닝?

와이셔츠 shirt
원피스 dress
폴라 turtle neck
러닝셔츠 undershirt
잠바 jacket
롱코트 overcoat

남성들의 옷 치수를 재는 것도 한국과 달라요. 우선 남자 바지 pants 는 허리 waist 와 길이 length 를 둘 다 잽니다. 그래서 그림의 바지에서 보듯이 '46 × 30의 의미는 허리가 46 길이는 30인치'라는 뜻입니다.

남자 윗옷은 여성 옷과 달리 S, L, XL, XXL와 같이 나타내는데, 이는 한국과 유사합니다. 그러나 같은 사이즈라도 한국 사이즈보다는 큽니다. 이 사이즈에 대한 기준 크기를 인터넷에서 찾아보았는데 역시 엿장수들 마음이라, 어떻게 일괄적으로 적을 수가 없군요. 다만 한국 사이즈보다 한 단계 낮추면 얼추 자신의 몸에 맞는 사이즈가 나온다는 정도만 말씀드릴 수 있네요. 예를 들어 제가 한국에서 입는

(제가 큰맘먹고 산 외투 - L사이즈)

윗옷 사이즈는 XL인데 여기서는 이보다 한 단계 낮춘 L이 저에게 맞더라고요.

그런데 몸 크기는 맞지만 팔 길이는 과도하게 길어, 이건 도저히 어떻게 맞출 수가 없네요. 그래서 수선하는 곳에 가서 take in sleeves a little 을 해야 하는데 하기 어려우면 내 팔 길이를 옷에 맞추어 늘이면 됩니다. ㅋㅋ

다음에 신발 사이즈는 여성들과 마찬가지로 4, 5, 6, 7, 8, 9 등과 같이 구분되어 있으면서 각각 1/2로 나누어 세분화되어 있습니다. 역시 N, M, W와 같이 넓이도 규격화되어 있다는 점도 여성들의 신발 치수 체계와 똑같습니다. 다만 여성은 7.5인 신발일 경우 245인 반면 남성들은 255라는 점이 다릅니다. 즉 여성은 -3을 한 후 여기에 10을 곱하지만 남성은 -2를 한 후 10을 곱해야 함을 의미합니다(역시 200은 더해주고요). 예컨대 사이즈가 9이면 -2를 한 후 10을 곱하면 70이니까 한국 270입니다. (Size 9-2×10+200=270) 한편 남자 옷 이름은 한국식 영어가 많은데, 대표적인 것이 와이셔츠에요. 정장 차림에 입는 와이셔츠는 그냥 shirt 라고 하지 와이셔츠라고는 하지 않습니다.

bowtie(나비넥타이)나 commerbund(정장복대)를 할 때 입는 아주 공식적인 와이

셔츠를 특별히 말하고자 할 때는 dress shirt이라고 합니다. 아울러 정장 양복은 suit이구요. 이 이야기를 하니까 민욱이 연주 때문에 연미복을 맞추러 현지 옷가게를 간 것이 생각나네요. 주인이 남부의 전형적인 할머니더라고요. 그런데 이 할머니가 이야기하는 '보타이나 커머번드, 셔츠'라는 말을 제가 못 알아들으니까, 민욱이하고만 얘기하고 저와 민욱엄마를 왕따 시킨 기억이 나네요. 그 할머니도 남부 사투리를 많이 쓰더구먼. 저는 나비넥타이는 버터플라이 타이인 줄 알았지요. 정장 복대는 그것이 뭐에 쓰는 것 줄 몰랐으니까 못 알아들었다는 점. ~~~~. 억울하데요. 참고로 한국에서 흔히 말하는 '원피스'도 전형적인 한국식 영어입니다. 그냥 dress라 말합니다. '폴라'는 미국에서는 turtleneck이라 합니다. 그런데 '터틀넥'을 다시 한국말로 번역하면 '거북이목'이에요. 그러고 보니 '폴라'를 입으면 거북이 목 같네요. 그리고 '러닝셔츠'는 undershirt이며, 특별히 팔소매가 없는 것을 지칭할 때는 sleeveless undershirt이라 합니다.

한국에서 소위 점퍼나 잠바를 지칭하는 옷은 jacket입니다. 반면에 종업원에게 jumper라고 말하면 그림과 같이 여자가 입는 소매 없는 원피스를 줄 겁니다. 또한 '바바리코트'는 trench coat 추리닝은 sweat suit, jogging suit, warm-up suit, active wear 등 다양하게 부릅니다. 롱코트는 overcoat 무스탕은 sheepskin coat 또는 lambskin coat 라고 합니다. 옷에 관하여 대부분 콩글리시인 거 같습니다. 이는 대부분 일본식 영어 잔재 때문에 그렇지요. 따라서 영어식 한국 옷 이름, 일단 한 번 의심해 봅시다.

※ 한국식 말로 셔츠 한 벌, 셔츠 두벌과 같이 한 벌이든 두 벌이든 셔츠라고 부르지만, 영어에서는 셔츠 한 벌은 shirt 이고, 두 벌 이상이 되어야 shirts 라 부릅니다.

한국식 영어	영어
와이셔츠	셜
양복	슈트
나비넥타이	보타이
폴라	터틀넥
러닝셔츠	언더셜 또는 슬리브리스 언더셜
잠바	재킽
원피스	점퍼
바바리코트	트렌치코트
추리닝	스위슡, 자깅슡, 웜업슡, 액티브슡
롱코트무스탕	오버코읕, 램스킨 코읕, 쉽스킨 코읕

28

Feet?
1피트 기준을 제 발 크기로 삼았으면 27cm였을텐데.

길이에 대하여 미국인들은 피트(feet)와 인치(inch)로 말한다고 했습니다. 그런데 이 개념이 생소해 머리로는 알되 마음은 따르질 못해요.

우리 식구들을 가르치는 골프 선생님은 골프에 대한 지식이 매우 박식하시어 골프 선수들을 예로 많이 들어 우리에게 이야기를 해 줍니다. 지난번에는 장거리 골프 대회 (long distance contest), 곧 '골프공 멀리 치기 대회'에 대한 이야기를 하시면서, 아마추어임에도 불구하고 400 야드(yard)를 치는 선수가 있다고 말씀하셨습니다. 그러면서 그 선수의 키가 5피트 4인치라고 하였는데, 우리는 야드에 대한 개념도 없었을 뿐만 아니라 피트와 인치의 개념이 없었기 때문에 그저 고개만 끄덕였습니다. ^^ 그러자 그 선생님께서 알아채시고 그 선수는 남자 골프 선수 치고 비교적 단신(short stature)에 속한다고 센스 있게 다시 말씀하셨습니다. 하지만 미국인들이 단신이면 얼마 정도인지 그 개념을 몰라 묵언수행(눈만 끔벅끔벅!)만 한 일화가 있습니다. ㅋㅋ

'피트'는 원래 발 크기를 1로 보는데서 나왔습니다. 그 발 크기가 누구 발 크기냐는 매우 의견이 분분하지만, 기준이 되는 발 크기가 약 30센티 정도 되기 때문에(정확히는 30.48cm) 우리 집 식구 발을 기준으로 하지 않은 것만은 아주 분명합니다.^^;

한편 1인치는 2.54cm인데 이는 1피트를 12등분한 것입니다. 왜 10등분하지 12등분을 하여 사람을 불편하게 하는가 하는 것은 다소 선입관이 있는 것입니다. 왜냐하면 의외로 우리 주위에 12등분의 개념이 보편화되어 있기 때문입니다. 예를 들어 동양에는 '자축인묘진사오미신유술해'와 같은 '십이지'가 있으며, 서양에는 태양 궤도를 12등분한 '황도십이궁'이 있습니다. 또 우리나라의 전통적인 시간도 12등분'이며, 1년도 12등분으로 나누어져 있는 것을 보면, 12라는 수는 우리에게 그다지 낯설지는 않은 개념입니다.

다시 돌아와서 1피트는 30센티 자보다 약간 큰 정도의 개념이며 여기에 1인치는 약 2.5만큼 늘어난다고 보시면 됩니다. 그리고 사람들의 키가 대개 4피트에서 6피트 사이이며, 5피트가 가장 많다는 점을 염두해 두면 의외로 키를 환산하기 쉽습니다. 즉 4피트 122센티, 5피트 152센티, 6피트 183센티를 외우신 후 2.5씩 더하시면 됩니다.

참고로 아래는 4-6피트를 1인치씩 늘어날 때마다 센티가 어떻게 변환되는지를 계산하여 보았습니다.

feet	inch	cm	feet	inch	cm
4'	0"	122	5'	8"	172.7
⋮	⋮	⋮	5'	9"	175.3
4'	7"	145			
4'	8"	147.4	5'	10"	177.8
4'	9"	150	5'	11"	180.3
5'	0"	152.4	6'	0"	182.9
5'	1"	154.9	6'	1"	185.4
5'	2"	157.5	6'	2"	188.0
5'	3"	160.0	6'	3"	190.5
5'	4"	162.6	6'	4"	193.0
5'	5"	165.1	6'	5"	195.6
5'	6"	167.6	6'	6"	198.1
5'	7"	170.2	6'	7"	200.7

한편 키와 관련하여 자주 써 먹는 영어 표현은 아래와 같아요.

How tall are you?
What is your height? 키가 몇이에요?

I'm five two. 또는 I'm five feet two inches tall.
5피트 2인치입니다. (157.5cm입니다.).

29

18 degrees?
"이렇게 추운데 18도라고요?"

~같아 be like
도대체 on earth
후덥지근 해요 so muddy

미국의 도량형은 한국과 많이 달라요. 예컨대 무게 단위는 한국에서는 근 또는 킬로그램이지만 여기에서는 pound(lb) 와 ounce(oz) 입니다. 거리 단위는 킬로미터, 미터, 센티가 아니라 yard, feet, inch이며, 용량 단위는 리터가 아니라 gallon입니다. 또 온도 단위는 섭씨 celsius 가 아니라 화씨 Fahremheit 로 씁니다. 그래서 숫자가 나오면 어떻게 대답을 해야 할지 아주 난감합니다.

오늘은 온도에 대하여 말해 볼게요. 한국도 그렇듯이 사람들이 대화를 시작할 때 대개 날씨 이야기를 많이 해요. 예를 들면

What's the weather like today?
How's the weather today?

라고 질문을 많이 하는 데 대답은 아래와 같이

It's good.
좋아요.

와 같이 간단하게 하면 됩니다. 그리고 "내일은 어떨 거 같아?"라는 질문도 흔히 하는데

What's the weather gonna be like tomorrow? 또는
What will be tomorrow's weather like?

그 대답은
"비가 올 것 같아요." 와 같이 말하면 됩니다.

Looks like it's gonna rain tomorrow.

또 요즘 같이 계절이 겨울로 바뀔 때 자주 쓰는 말로

날씨가 점점 추워져요.
The weather is getting colder 가 있습니다.

그런데 문제는 가끔 한국인의 온도 개념이 미국인과 달라 아래와 같이 썰렁한 대화가 나올 수도 있습니다.

한국인: What's today's temperature? 오늘 날씨 몇 도예요?
미국인: Today is about 18 degrees. 오늘 18도 정도일꺼예요.
한국인: It seems to be warm. 따뜻해진 거 같네요.
미국인: What? 뭐라고요?

왜 미국인이 'What'이라고 당황하였을까요? ㅋㅋ. 그것은 미국에서 18도라고 하면 한국으로 따지면 영하 8도이기 때문입니다. 그래서 "따뜻하군요." 해 버리면 찬바람 휘날리는 대화가 돼 버립니다. 미국에서는 온도를 Celsius 섭씨로 하지 않고 Fahrenheit 화씨로 사용합니다. 그런데 이 "패런하이트"는 우리에게 매우 익숙하지 않아서 섭씨로 몇 도인지 계산이 잘 안됩니다. 한참 해야 합니다. 계산법은 아래와 같이 있지만

$F = (C \times 1.8) + 32$
$C = (F - 32) \times 0.55$
*F : 화씨, C : 섭씨

아이고, 복잡해라. 그래서 대부분 아래와 같은 기준으로 그 온도를 짐작해야 돼요.

F 0도 → C -18도
F 14도 → C -10도
F 23도 → C -5도

F 32도 → C 0도
F 50도 → C 10도
F 68도 → C 20도

그런데 이것도 외우기 어려워요. 그래서 F(화씨)에서 -30을 한 후에 1/2로 나누면 대충 비슷한 온도가 나오는 계산법을 사용합니다.

"그럼 위 대화 중 "오늘 18도예요."의 맞장구 말은 뭐가 될까요?"

① so cold. 무지무지 추워요.
② so hot 무지무지 더워요.
③ so muddy 후텁지근해요
④ so cloudy 구름이 잔뜩 끼었어요.

그런데 도대체 지금 한국은 몇 도예요?
By the way, what on earth is the temperature in Korea now?

① : 정답

30

Check account
돈을 인출할 땐 무조건 '첵 어카운트!'

보통예금 계좌 Saving account
체크카드용 계좌 check account
비밀번호 pin

은행인출기에서 돈을 인출하는 법을 알아보겠습니다.

대부분의 은행에는 무인은행 인출기(ATM)가 있습니다. 하지만 한국 시스템과 달라서 돈을 인출하는 것도 하나의 도전입니다.

황당 경험기

제가 한국의 인출기만 생각해서 saving account 예금 계좌에서 돈을 찾으려고 했더니 기계가 화를 내더라고요. 내 참! 그래서 비밀 번호가 틀렸나 싶어 바꿔 눌렀더니 결국 한국처럼 은행직원에게 가보라고 하더군요. 5번 비밀번호가 틀렸다나 어쨌다나! 흑흑, 확실히 알았습니다. 예금 계좌가 아니라 check account 체크 계좌에서 현금을 인출해야 한다는 것을…….

왜 이런 실수를 했는지 차례차례 알아보겠습니다. 먼저 인출기에 쓰여 있는 말을 보면 다음과 같은 것들이 있어요.

예금 계좌 : Savings account
체크 계좌 : Check account
인출 : Withdrawal
입금 : Deposit
비밀번호 : Pin
우편번호 : Zip code

오늘은 Savings account 와 Check account 만 우선 이야기해 볼게요.

1) Saving account

예금계좌 (세이빙즈 어카운트)는 돈을 보관하는 통장입니다. 이자가 거의 없다는 점에서 한국의 보통예금통장과 비슷합니다. 흔히 '돈을 세이브하다'라는 말을 하지요. 이때 '세이브'는 한국에서 '절약하다'의 의미로 많이 쓰이지만, 미국에서는 '저축하다. 돈을 은행에 보관하다'의 의미로 더 많이 쓰여요. 그래서

I save the money.

라고 하고 뒷말이 다시 나오지 않으면 '돈을 저축하다'의 의미로 해석됩니다.
다음에 'account'는 '계좌'라는 뜻을 가지고 있습니다. 어카운트는 '카운터(counter)에서 계산해'의 '카운터'와 공통된 어원을 가지고 있습니다. 즉 '어카운트'나 '카운터'는 원 투 쓰리 포를 셀 때 말하는 '카운트(count)'의 의미를 둘 다 가지고 있답니다. 더불어 '어(ac)'는 '더하다. 누적되다' 의 의미를 담고 있으니까. 결국 어카운트는 계좌라는 의미로 바뀌게 된 것입니다.

2) Check account

일반적으로 미국 사람들이 돈을 인출할 때는 체크 계좌를 사용합니다. 미국 오리지널 발음을 하면 첵 어카운트입니다. 이 계좌는 쉽게 말해 우리의 체크카드용 계좌로 생각하시면 됩니다. 하지만 우리 나라보다 좀 더 넓은 용도로 사용됩니다.
미국인들은 개인마다 자신의 수표를 가지고 있어요. 그래서 공공요금을 내거나, 벌금을 낼 때 또는 비싼 물건을 일시불로 사는 경우 개인 수표(첵)를 내는 경우가 흔합니다. 이때 이 수표를 만들 수 있는 계좌가 체크 계좌예요. 그런데 이 수표에 쓸 수 있는 금액은 첵 어카운트에 있는 액수만큼만 할 수 있어요. 결과적으로 우리의 체크카드와 비슷하죠.

한국에서는 이를 어려운 말로 당좌수표, 당좌계좌라고 합니다. 한국에서는 주로 회사를 운영하는 사람만 이 계좌와 수표를 가지고 있지만, 여기서는 사업을 하지 않는 일반인들도 다 가지고 있어요.

저요? 저는 음……. 처음엔 당연히 안 샀죠. 그 쓰임새가 이렇게 넓을 줄 몰랐으니까. ㅋㅋ 또 개인 수표 용지를 사는데 50장에 10달러라고 하니 꿋꿋하게 안 사고 있었습니다. 버티다 버티다 나중엔 결국 샀지만요.ㅋㅋ

그런데 우리는 세이빙 어카운트와 체크 어카운트가 하나의 계좌이잖아요. 그리고 한국사람이라면 당연히 예금 통장에서 돈을 인출한다는 생각을 가지고 있지요. 바로 여기서 문제가 발생한 것이었어요. 다시 말하자면 미국에서는 이 둘을 확실히 나눕니다. 곧 돈 찾을 때는 첵 어카운트에서 해야지 세이빙 어카운트에서는 안 된다는 점을 몰랐던 것이지요.

31

Please enter checking
돈을 찾으려면 '체킹'을 누르세요

오늘 은행에 가서 인출기를 사진으로 찍었습니다.

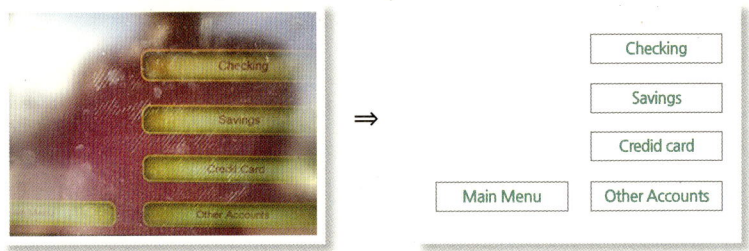

첫 번째는 체크 통장에서 돈 뺄 경우, 두 번째는 보통예금통장에서 돈 뺄 경우, 세 번째는 신용카드에서 돈 뺄 경우입니다. 어제 말씀 드렸듯이 돈을 인출할 때는 첫 번째 check 으로 하세요. Savings 를 누르면 예금이 얼마 남아 있나 살펴 볼 수 있습니다. Credid card 를 누르면 신용대출로 왠만하면 누르지 마세요. Other Accounts 는 이외의 다른 계좌를 확인할때 누르는 것입니다.

한편 왼쪽아래 Main Menu 주화면은 첫 화면으로 되돌아갈 때 누르는 버튼입니다.

32

Please enter your pin
비밀번호를 입력하세요

돈을 찾으려면 이제 비밀번호를 넣어야 합니다. 화면을 보면

Please enter your pin

라고 쓰여 있지요. 여기서 중요한 말은 pin으로 비밀번호를 뜻합니다. 이 pin은 personal identification number 의 약자로 우리말로 해석하면 '개인 식별 숫자'입니다. 통장에서 개인을 식별할 수 있는 숫자가 뭐겠어요? 그렇지요. 바로 비밀번호이지요. 즉, 인출기에 핀이 보이면 4자리 비밀번호를 입력하면 됩니다. 그리고 난 후 컨티뉴(계속 continue)를 누르시면 다음 단계로 넘어갑니다. 한편 아래에 보이는 $20 Fast Cash From Primary Checking의 뜻은 주 계좌에서 $20달러를 현금으로 빠르게 찾기이며 그 밑의 $100 Fast Cash From Primary Checking은 $100달러를 현금으로 빨리 찾을 수 있음을 뜻합니다. 오른쪽의 Continue 진행은 이 이외의 금액을 찾고자 할 때 누르면 됩니다.

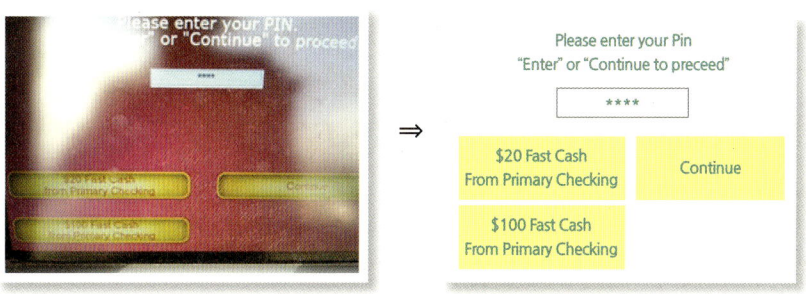

※참고로 identification은 줄여서 흔히 아이디 ID 라고 하는데 한국에서와 마찬가지로 학생증, 사원증 등의 의미로 사용됩니다.

33

Please select a transaction
어떤 거래를 할지 선택하세요

인출 Withdrawal
계좌이체 Transfer
입금 Deposit
잔고 Balance

check account 를 누르고 pin number 를 누르면 다음과 같은 말들이 나와요.

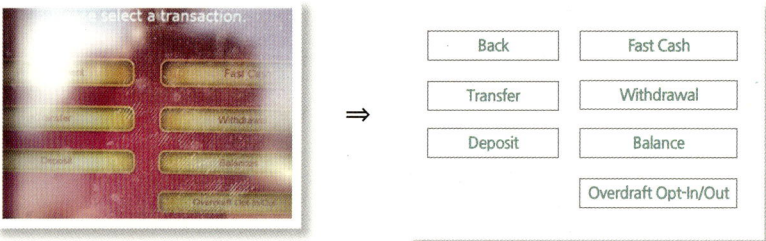

Back 은 이전화면으로 돌아가기이며 Fast cash 는 말 그대로 '빠른 현금'이라는 뜻으로 돈을 빨리 찾을 때 사용하는 것입니다. 절차가 간단하여 돈이 빨리 나온 대신, 한번에 20달러만 나와요. 따라서 200달러 찾으려면 10번을 눌러야 되는 불편함이 있습니다. Transfer 는 다른 계좌에 송금할때 쓰는 말이며(계좌이체) Withdrawal 은 '인출'할 때 사용하는 말입니다. Withdrawal을 누르면 한꺼번에 큰돈을 찾을 수 있습니다. 하지만 돈이 20달러짜리로만 나와요.

Balance 는 통장에 얼마 남았는지(잔고)를 살펴보고 싶을 때 누릅니다. 밸런스는 원래 '균형'의 뜻을 가지고 있는데, 이 뜻이 '잔고'로 확대된 것입니다. 즉 돈을 쓰면 '-', 돈을 넣으면 '+'로 이 둘이 균형을 이루는 상태를 밸런스라 합니다. 흔히 '밸런스를 맞추다, 수지를 맞추다'라는 말을 연상하면 잘 이해할 수 있습니다.

Overdraft Opt in/out은 계좌에 있는 잔액을 초과한 금액을 현금서비스로 인출할 수 있는 메뉴입니다. 초과인출수수료는 보통 건당 $35불로 어마어마합니다. 아울러 Opt in이란 초과인출을 허용한다라는 의미이며 Opt-out은 허용하지 않는다는 의미로 사용됩니다. 아무튼 말은 어렵지만 이건 누르지 않는 것이 좋습니다~~. 더불어 왼쪽에 있는 transfer(트랜스퍼)는 송금할 때 사용하며, Deposit(디파짙)은 입금할 때 사용합니다. 한편 호텔에 머무를 때 내는 보증금도 '디파짙'이라고 합니다. 이때의

'deposit'은 호텔 체크아웃을 할 때 돌려받는 돈이지요. 마찬가지로 입금도 돈을 은행에 맡겼다가 필요할 때 돌려받을 수 있기 때문에 deposit 이라는 말을 사용합니다.

복잡한 것 같지만 다음만 아시면 한국 인출기에서 돈 **빼내는** 것과 별반 다를 것이 없습니다.

에이티엠기(ATM) 간다
→ card를 넣는다
→ check를 누른다
→ pin을 누른다
→ withdrawal을 누른다.

34 Check
수표에 얽힌 황당 사건

미국에서는 공과금을 내거나 여행사에 돈을 낼 때 보통 계좌이체보다는 개인수표 Check를 우편으로 부치는 경우가 많습니다. Check에 얽힌 이야기해 볼게요. 민욱이가 올렌도 Orlando에 수학 여행을 가는데 학교에서 경비를 내라는 거예요. 그래서 민욱으로 현찰을 학교에 보냈는데, 학교에서는 수학 여행비를 안 받는다는 겁니다. 더 한것은 직접 여행사에 내라고 하는 거예요. 그런데 가정통신문을 보니까 여행사의 계좌이체 번호도 없고……. 난감 또 난감.

가정통신문과 씨름하면서 찾은 세 가지 방법

첫째 여행사를 찾아간다.
둘째 전화로 여행사에 신용카드 번호를 불러준다
셋째 여행사에 책을 우편으로 붙인다.

첫 번째 방법 불가능! 회사로 가는 데 그저 3시간, 오는 데 3시간, 또 수학 여행비를 분할로 내니까, 5번 왔다 갔다(여기는 희한하게 수학 여행비를 분할로 내래요). 차라리 이 돈으로 수학여행 보내지 말고 우리끼리 가고 말지.

두 번째 방법, 가능하지만 수수료가 무지 비쌈. 수수료가 무려 3퍼센트! 수학 여행비가 100만원이니까, 수수료만 3만원. 허걱, 이런 날강도들!

어쩔 수 없이 check으로 하기로 결정했습니다. 근데 책을 사는 데도 돈이 들어요. 수표 사러 은행 갔는데 수표 50장에 14달러! 부르네요. 하지만 어떻게 합니까? 눈물을 머금고 어쩔 수 없이 샀어요. 그런데 그것도 바로 나오지 않는다네요. 일주일 뒤에 check이 우편으로 온다고 합니다.

사연 많은 check이 나오면 사진 찍어 올리겠습니다.

명철 수표발행 하려면 돈 든다! ㅋ 다 좋은 것만 있는 건 아니네?
꿍야 돈 내기가 너무 힘들어요.^^

I want 10cents per minute Plan 핸드폰 어떻게 개통하지?

선불약정 pre-paid condition
(돈을)충전하다 pay for
(배터리가)방전하다 be gone
(배터리가)닳다 drain

미국에 오면 자동차와 마찬가지로 필수적으로 해야 되는 것이 있는데, 그것은 현지 폰을 개통하는 일입니다. 로밍 폰을 사용할 수도 있지만, 그 비용은 뒷감당이 안 될 정도로 어마어마하기 때문에, 전화를 가입하는 것이 무엇보다도 시급합니다. 그래서 아는 분의 도움을 받아 우리 집에 가장 가까운 통신사 매장(AT&T)에 갔습니다.

한국처럼 쓰는 만큼 돈을 내는 약정도 있지만, 저희는 일정 금액을 정해 놓고 그만큼 전화를 걸고 받는 것이 더 경제적일 것 같아서, 선불 약정 prepaid condition 을 선택하였습니다.

AT&T에서는 이를 GoPhone 이라고 하더라고요. 매장 직원이 GoPhone에 가입하겠느냐고 해서,

Do you wanna get a GoPhone?

그러겠다고 하자, 여러 폰을 보여주더라고요. '폰'도 사라고요. 그런데 같이 간 분이 폰을 여기서 사지 말고, 기존에 가지고 있던 폰을 USIM카드만 바꾸면 사용할 수 있다고 하여, 그 사람에게 다음과 같이 말을 하였습니다.

Can I use my phone?
제것 사용해도 되나요?

그 직원이 제 폰이 될지 안 될지 SIM CARD 심카드를 넣은 후 이리 저리 살펴보더니, 된다고 하더라고요. 저는 호환이 낭연한 것으로 여겼지만, 나중에 들어보니 한국 전화기가 미국에서 호환이 되지 않는 경우가 많다고 합니다. 이럴 경우 미국에 오기 전 미리 한국 전화매장에 가서 전화기를 unlock 국가 제한 해제를 해 달라고 요청한 후 가지고 와야 된다고 하네요. 아무튼 돈 벌었습니다.

다음에 그 직원이 아래와 같이 물었습니다.

What kinds of plan do you wanna have?
어떤 약정으로 하실 거예요?

음 무슨 플랜? 처음에 순간 당황하였지만, 옆 사람의 도움으로 두 가지 유형의 약정이 있음을 알게 되었습니다. 하나는 일정 금액의 돈을 넣고 전화를 사용할 때마다 돈이 빠져나가는 약정이며(전화를 받을 때도 돈이 나감), 다른 하나는 한 달마다 돈을 load 충전하는 monthly payment plan 한 달 약정입니다.

직원이 $45 내면 무제한 통화와 함께 데이터를 마음대로 사용할 수 있다는 한 달 약정을 장황하게 설명하여 이 플랜을 가입하였습니다. 그런데 한 두어 달 지나고 보니 전화 통화 무제한이 저에게 별로 필요가 없어서 나중에 $25짜리로 바꾸었습니다. 이 $25짜리 플랜도 240분 무료 통화에다 무제한 데이터라 사용하는데 아무런 지장이 없더라고요. 단 국제 전화가 되지 않는 것이 흠이지만, 집에 인터넷 전화나 카카오 톡으로 연락할 수 있으니 지금까지 별 탈 없이 잘 쓰고 있습니다.

참고로 학생들은 monthly plan보다는 10cents per minute Plan을 주로 사용합니다. 이는 기본료는 없고 분당 10센트 씩 지불하는 플랜입니다. 물론 전화를 걸 때나 받을 때 모두 지불되기 때문에 언뜻 보기에는 상당히 비싼 듯이 보입니다. 하지만 제가 아는 학생은 약 20불정도 돈을 미리 지불하고 약 4개월 동안 잘 버틴 것으로 보아 이것도 나쁘지 않은 플랜인 것 같습니다. 물론 저는 그렇게까지는^^!

아참, 전화 용어와 관련하여 몇 가지 사용하는 말들이 있는데 도움이 될까 적어 넣습니다.

1) 배터리를 충전하다

I am charging a battery.
I regenerate a battery.

'charge'가 충전하다는 의미입니다. 주의할 것은 '돈을 충전하다'의 의미로 charge를 사용한 표현은 콩글리쉬입니다. 즉 아래와 같이 말할 경우

I charge $25.

미국 사람들이 잘 알아듣지 못하는 영어 표현입니다. 곧 charge는 단순히 배터리 전기를 충전할 때만 쓰고 '돈을 충전하다'의 '충전은

I paid for my $25 pre-paid plan.

과 같이 pay를 쓰거나,

Can I load my phone with $25?
Can I add $20 to my phone?
Can I put $20 in my phone?
load, fill, add, put 등을 사용합니다.

2) 배터리가 방전되었다

The battery discharged.
The battery dies.
The battery is dead.
The battery is gone.

이에 반하여 '배터리가 방전되다'는 콩글리쉬인 것 같지만 훌륭한 미국영어입니다 '배터리가 죽었다(die/dead)' 또는 '배터리가 갔다(gone)'로 쓸 수 있으니까 말이지요.

3) 배터리가 빨리 닳다

My battery is draining quickly.

'배터리가 닳다'의 '닳다'는 영어로 drain을 씁니다. 'drain'은 원래 '물이 빠져 나가다 (배수)'의 의미로, '배터리'가 물이 있는 것이 아니기 때문에 My battery is draing 은 비유적 표현에 해당합니다. 하기야 우리말의 '닳다'에도 '무엇인가 마모되어 소진되다'로 '배터리'가 닳아서 없어지지는 않기 때문에 영어와 마찬가지로 비유적으로 사용하기는 매 한가지이네요.

Can I get a stamp for this?
수표와 우체국

일반 우편	first class
빠른 우편	priority mail
특급 우편	express mail
등기 우편	registered mail
편지 봉투	envelope
우편 요금	postage
우표	stamp

엊그제 Check 개인 수표가 집으로 배달되었습니다. '첵(check)'개념을 잘 몰라 미루다 미루다 결국 지난 주에야 신청하였습니다. 지난 번 말한 바와 같이 민욱이의 수학여행 경비를 여행사에 지불해야 돼서…….

여기서는 좀 독특한 시스템으로 수학여행 경비를 냅니다. 그건 여행 경비를 한 번에 내는 것이 아니라 나누어서 낸다는 거예요. 민욱이 수학여행 통지서(아래 사진)을 보면 다음과 같이 쓰여 있습니다.

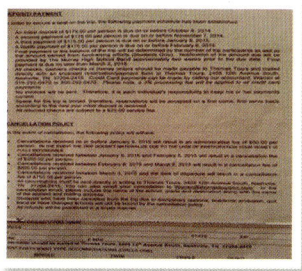

An initial deposit of $ 175.00 per person is due on or before October 6, 2014.

처음에 한 사람당 175불을 2014년 10월 6일에 또는 그 이전에 입금한다.

그리고 the second payment 두 번째 지불부터 final payment 최종 지불까지 총 5차례에 걸쳐 돈을 지불하더라고요. 물론 여행사에 '첵'을 편지로 부치는 방식으로 말입니다. 그래서 떨리는 마음으로 미루어 두었던 3회분의 금액을 수표에 기입하였습니다.

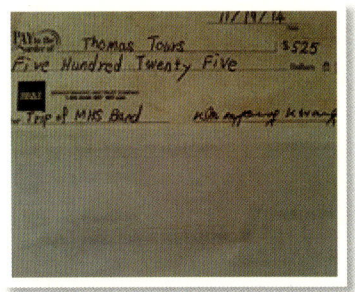

그리고 이것을 부치러 교내 우체국에 갔습니다. 한국에서는 우체국에 돈 부치러 갈 일이 별로 갈 일이 없잖아요. 그런데 여기서는 '첵'이라는 제도 때문에 우체국에 사람들이 많이 갑니다. '첵'을 등기 우편으로 보내야 될지 그냥 보통 우편으로 보내야 될지 망설이다가 '첵'을 해당 수신자 이외에는 다른 사람이 사용할 수 없다는 이야기를 듣고 과감하게 보통 우편으로 부쳤습니다.

참고 : 알아 두면 유용한 말
1) first class : 일반 우편
2) priority mail : 빠른 우편
3) express mail : 특급 우편
4) registered mail : 등기 우편
5) envelope : 편지 봉투
6) postage : 우편 요금
7) stamp : 우표

오늘 우체국 직원과 대화 했던 내용을 기억을 더듬어 써 보겠습니다.

It is the first time to send the letter to a company with mail.
우편으로 편지를 어떤 회사에 보내는 건 처음이에요.

Can I get a stamp for this?
우표 얻을 수 있을까요?

How much postage?
우편 요금이 얼마인가요?

How long will it take to get there?
도착하는 데 얼마정도 걸려요?

직원에게 우편 요금이 얼마인가 물어보았더니 1장에 약 50 센트라고 하더라고요. '한 장으로 미국 전체를 다 커버하느냐'라고 물었더니, 아주 자랑스럽게 그렇다고 합니다. 참고로 이 말의 뜻은 한국에 있는 주한 미군 부대에 우편을 부치더라도 이 가격에 부칠 수 있다는 이야기도 됩니다. 그리고 얼마 정도 걸리느냐고 물어보았더니 '금요일'에 도착한다고 하더라고요. 같은 주(In-state)는 빠르다고 하네요. 오늘이 수요일이니까 2박 3일 정도 됩니다. 휴! 오늘도 또 배웁니다.

37 Shot
병원에서 예방 접종

예방접종기록 certificate of immunization
주사 shot
보건소 health center

오늘부터 2회에 걸쳐 예방 접종과 관련되어 겪었던 몇 가지 에피소드를 이야기해 볼게요. 미국에서 자녀들이 학교에 입학하기 위해서는 여러 가지 서류가 필요한데, 이 중에서 vaccination 예방 접종 기록 서류는 학교에 반드시 제출해야 하는 필수 서류입니다. 예방 접종 기록이 없으면 입학은 가능하나, 그 기록을 2주 이내에 제출하지 못하면 입학이 취소 될 수도 있거나 또는 이미 맞은 주사를 다시 맞아야 하는 사태가 벌어집니다.

예방 접종과 관련된 용어는 아래와 같이 다양한데, 다들 자주 사용되는 표현이더라고요.

1) 예방 접종
preventive shot
preventive injection
vaccination

2) 예방 접종 기록
record
history

※ 건강 기록부
health record
certificate of immunization

한국에서 주사를 맞은 기록은 보건소나 병원에서 발급해 주는데, 영문으로 번역된 것만이 효력이 있습니다. 하지만 공증을 받지는 않으셔도 됩니다. 보건소나 병원에서 영문으로 발급해 주기 때문입니다. 그런데 여기서 몇 가지 확인할 점이 있습니다.

첫째는 예방 접종한 것이 다 기록되어 있는지,
둘째 여러 번 맞아야 하는 접종 예컨대 '간염 예방 접종'과 같은 접종 기록이 일일이 다 기록되어 있는지,
셋째, 한국에서 더 맞아야 할 것이 없는지를 확인해야 된다는 거예요.

3) 간염
hepatitis

4) 간염 예방
anti-hepatitis

5) 간염 예방 접종
anti-hepatitis shot

특히 예방접종을 다 맞았다는 기록 중 일부가 누락될 경우 다시 맞아야 하는 불상사가 있으니^^ 꼭 확인하세요. 다행이 민욱이는 접종 내역이 일일이 다 기록되어 있어서 별 탈 없이 넘어 갔으나, 이번에 새로 오신 분의 자녀 기록이 접종 횟수와 가장 최근에 맞은 날짜만 적혀 있어, 미국 보건소에서 인정되지 않아서 다시 맞으라고 하여 다시 한국에 상세 기록을 요청하는 사태가 벌어졌습니다.

6) 보건소
health center
public health center
community health center
County health department

※ 우리나라 '헬스 센터'의 개념과 다르지요. ㅋㅋ

 꿍야 이번에 미국에 온 교수아들이 예방접종을 병원 1차 진료기관에서 맞으려고 했더니 한번에 400 $여서 깜짝 놀라 그냥 왔다고 하네요.~ㅋㅋㅋ
명철 원 예방접종 주사가 그렇게 비싸요?

Health insurance
의료보험 있어요?

　미국에서 예방 접종을 하려면 한국에서보다 비용이 많이 들기 때문에(한번 맞는데 400달러 정도) 가능한 한 한국에서 예방 주사를 맞고 미국에 오시는 것이 좋습니다. 지난 번 말한 바와 같이 미국 보험 자체가 비싸기 때문에, 한국 분들이 대개 한국에서 보험을 들고 오는데, 치료를 받을 때는 보험이 적용되지만 예방 접종의 경우는 적용되지 않아, 비싼 돈을 들여 주사를 맞는 사태가 벌어질수 있기 때문이지요. 저희도 이 점을 소홀히 하여 한국에서 맞힐 수 있는 '샷'(주사)을 미국에서 민욱이에게 세 방을 맞혔거든요. 흑흑. 그나마 다행인 것이 민욱이가 보건소에서 주사를 맞아 상대적으로 그 비용이 저렴하게 나왔다는 것입니다.(한 10만 원 정도). 미국도 병원에서 주사를 맞는 것보다는 보건소에서 주사를 맞는 것이 상대적으로 쌉니다. 하지만 모든 경우가 다 그런 것이 아니라, 미국에서는 부모의 소득 수준에 따라 주사 값이 달라집니다. 이와 관련하여 처음에 보건소 갔을 때 몇 가지 해프닝이 있었어요.

　우선 직원이 저에게 소득이 얼마냐고 묻는 거예요. '아니 방문 교수에게 왜 소득을 묻지?' 소득이 많으면 좋은 줄 알고(불법 체류가 아닌 점을 강조하기 위해ㅋㅋ) 최대한 높여 이야기를 하였더니, 몇 번을 다시 묻는 거예요. 그리고 꼭 집어서 미국에서의 소득이 얼마인지를 재차 확인하였습니다.

1) How much is your income in united states? 미국에서 소득이 얼마예요?

　그래서 미국에서는 소득이 '0'이라고 하였더니 그분이 그제야 환하게 웃는 것입니다. 나중에 알게 되었지만, 미국에서 소득이 높으면 높을수록 주사 비용이 상대적으로 어마어마하게 높아진다는 사실을 저에게 알려준 것이었어요. 즉 그 직원 저를 도와직원이 또 다른 질문을 연이어 하더군요. 보험이 있냐고요. 한국에서 보험을 들고 왔다고 하니까 미국에서 그 보험이 적용 되느냐고 또 질문을 하는 거예요. "참 이상한 질문을 계속 하네."라고 생각하면서 한국 보험이 여기도 적용된다고 말을 했지요.

2) Do you have health insurance? 보험 있어요?
I'm insured. 보험 들었어요.

3) Does the insurance cover a set of preventive services like shots and a physical checkup? 보험이 주사나 신체검사와 같은 예방 서비스에도 적용 되요?
No, my insurance can not cover the services. 아니요, 적용이 안 되요.

그랬더니 대 놓고 보험을 들고 있다면 여기 보건소에서는 주사를 맞힐 수 없고 가까운 병원에 가서 의사와 상담 후 주사를 맞히라는 거예요. 물론 비싸지요. 제가 난감해 하니까 급기야 전화 통역사를 불러주더군요. 그래서 알게 되었습니다. 그 통역사가 말을 하기를 보험이 있으면, 보건소가 아니라 병원에서 주사를 맞아야 한다는 거예요. 하긴 소득이 없으면서 보험이 있으면……. 가만히 생각해 보니 예방 접종은 한국 보험이 안 되잖아요? 그래서 다시 대답했습니다. 미국 보험이 없고 한국 보험은 적용이 안 됩니다. 그 직원 또 안도의 한숨을 쉬더니, '오늘 주사 3방 맞으시면 됩니다.' 하고 그날 바로 보건소에 계신 의사 선생님께 민욱이를 데려갔습니다.

Immunization records
우리가 맞는 예방 접종

돌이켜 보면 그 직원 무지 감사했습니다. 이것이 왜 이렇게 선명하게 생각나느냐고요. 아는 지인 분이 똑같은 경험을 겪어서, 도와주는 가운데 좌충우돌했던 그 순간이 다시 생각났어요. 참고로 '임뮤니제이션 레커드(예방 접종 기록)'의 내용도 알아두면 좋을 거 같더라고요. 당시에 보건소 의사 선생님이 민욱이 기록을 보면서 이런 저런 이야기를 하는 데 의료 용어가 생소해서 제대로 알아듣지 못했던 아쉬움이 여전히 남아있기 때문입니다.

예방 접종 종류

Hepatitis B : B형 간염
IPV(The inactivated poliovirus vaccine) : 소아마비
MMR(Measles, Mumps, Rubella) : 홍역, 볼거리, 풍진
Varicella(Chickenpox) : 수두
DPT(Diphtheria, Pertussis, Tetanus) : 디프테리아, 백일해, 파상풍
Rotavirus : 로타 바이러스(전염성 설사증)
PCV(Pneumococcal vaccine) : 폐렴
Hib(Haemophilus influenza type b) : 뇌수막염
MCV4(Meningococcal conjugate vaccine) : 유행성수막염

참고로 미국 예방 접종과 관련된 종류와 시기를 알 수 있는 사이트를 소개하겠습니다.
http://www.cdc.gov/vaccines/recs/schedules/default.htm

  명철 수많은 예방집종이 있네? 우리도 어릴 적에 맞았는지 몰라? 우리의 아이들도? 민욱이 주사 3방씩이나?
명광 예 하지만 중복되어 맞은 건 없어요.

The symptoms
약국에서 증상 설명하기

심한기침 cough up a lung
상관없어요 It doesn't matter
연고 ointment
항생제 antibiatics
엄지발가락 big toe
파고들다 in grown
환부 wound

　가족들과 플로리다로 여행을 떠나기 전에 민욱이와 저는 감기에 걸렸습니다. 한국 한의원에서 지어 온 감기약을 민욱이가 먹었지만 잘 낫지 않은 상태였습니다.
　더욱이 어제 저녁 늦게 켄터키에 도착한 처형께서는 피곤한 나머지 엄지발톱이 살을 파고드는 통증으로 아침에 걷기 힘들어하셨습니다. 상의 끝에 빠른 회복을 위해 약국에 가서 약을 사기로 결정하였습니다. 물론 병원은 너무 비싸고 시간이 많이 걸려 고려 대상에서 제외하고 말입니다.
　민욱이의 증세는 대략 목이 붓고, 가래가 나오며, 기침이 심하지만 열은 나지 않고 콧물도 나지 않는 아주 복잡 미묘한 감기였습니다. 또한 처형께서 주문하였던 것은 항생제나 소염제가 들어가 있는 연고였습니다.
　일단 먼저 감기약부터 짓기로 하고, 여러 가지 증세를 생각하여, 약사에게 다음과 같이 말하였습니다.

My son and I caught a cough.
The symptoms are sore throat, thick sputum, cough up a lung, but no fever and no runny nose.

감기가 걸렸다 : caught a cough
목이 붓다 : sore throat
심한 가래 : thick sputum
엄청 심한 기침 : cough up a lung
콧물 : runny nose

　'가래'의 경우 사전에서 찾아보니까, 'phlegm(플램)'과 'Mucus(뮤커스)'도 있더라고요. 그런데 막상 약사 앞에 설명을 하려니까 '스퓨텀'만 생각나서 이 말만 했더니 다행히 잘 알아듣더라고요. 다음에 엄청 심한 기침을 한다고 할 때 'cough up a lung'이라고 약사에게 말을 하였습니다. 이 말뜻은 '폐까지 위로 올릴 정도로 심한 기침'이란 뜻으로, 약사에게 설명을 할 때 몸동작을 리얼하게 했더니 아주 잘 이해했습니다.

    이런 증상을 듣고 난 약사는 두 종류의 감기약을 저에게 주었습니다. 우선 목이 붓고 심한 가래에 듣는 약(아침에 하나 저녁에 하나 먹는 약)과 심한 기침을 가라앉게 하는 약(아침에 하나)을 주었습니다. 그리고 다음과 같은 말을 약사에게 또 물었더니,

Do I and my son have to take this medicine 30 minutes after meal?
식후 30분 뒤 먹어야 돼요?

아주 쿨하게

It doesn't matter.
상관없어요.

라고 대답하더라고요.

    한국에서는 식후 30분에 먹으라는 이야기를 보통 하는데 말입니다. 그나저나 감기약이 얼마나 독한 지, 약을 먹고 그 약의 효과가 지속되는 동안에는 기침을 전혀 하지 않더라고요. 이것이 좋은 건지 아님 안 좋은 건지 모르겠습니다만.

    다음에 처형의 증상을 설명하였습니다. 지난 번 말하였듯이 한꺼번에 다른 두 개의 이야기를 하면 미국인 잘 알아듣지 못한다고 했던 것 기억나지요? 그래서 처형의 증상은 감기약을 다 처방 받은 후에 말을 하였습니다. 제가 말했던 것을 기억을 더듬어 써 보면 아래와 같습니다.

I need a kind of ointment included in antibiotics, If not, at least, in anti-inflammatory.
항생제가 포함된 연고 주세요. 항생제가 없다면 (적어도) 소염제가 들어간 약이 필요합니다.

> ointment 연고
> antibiotics 항생제
> anti-inflammatory 소염제

항생제 처방은 약사가 함부로 주지 않는다는 것을 듣고 아래와 같이 증세를 이야기했습니다.

Her bigtoe is sore because of being ingrown.
엄지발가락이 살을 파고들어서 그래요.

> bigtoe : 엄지발가락
> be ingrown : 살을 파고들다.

그랬더니 약사가 두 종류의 약을 찾아 주더니 다음과 같이 말하는 거예요.

Mix two on palm in dime size, and scrub it on the wound.
손바닥 위에 동전 크기로 섞은 후 그걸 환부에 바르세요.

> palm 손바닥
> dime 10센트 동전
> scrub 문지르다
> wound 환부

다행히 처형께서 이 연고를 바르고 난 후 증세가 호전되어, 플로리다 여행을 무사히 다녀왔습니다.

41. Can I get ethanol?
애쓴다, 애써 에써놀:이 더 낫네

미국은 마루가 나무로 되어 있는 집도 있지만 카펫으로 되어 있는 집이 대부분입니다. 저희가 사는 집도 카펫으로 되어 있습니다. 카펫 생활이 우리에게 익숙하지 않을 뿐만 아니라 다소 불편함을 주는 몇 가지가 있습니다. 실내화를 사야 되고 의자가 많이 필요하고, 청소도 깔끔하게 되지 않고 등등. 그런데 이러한 불편함보다도 우리 집 식구를 떨게 하는 것은 카펫이 집 먼지 진드기나 좀 벌레가 서식할 수 있는 공간이라는 거예요. 그래서 그런지 아니면 기분 탓인지 몸이 자주 근질거렸습니다. 인터넷에 뒤져 봤더니 집 먼지 진드기를 퇴치할 수 있는 간단한 방법이 있더라고요.

계피 cinnamon과 에탄올 ethanol을 섞은 후 이를 스프레이에 넣어 침대, 소파, 카펫 등 집 먼지 진드기가 있을 만한 곳에서 뿌리면 살균이 확실하게 된다고 하더라고요. 그래서 오늘 민욱 엄마와 저는 이러한 천연 진드기 퇴치제를 만들기 위하여 월마트로 갔습니다. 우선 계피를 찾은 후, 다음에 월마트 안에 있는 약국에 가서 에탄올을 사러 갔습니다.

Employee : Can I help you?
종업원: 뭘 도와드릴까요?
Guest : Yes, Please. Can I get ethanol?
손님: 네, 에탄올 있어요?
Employee : What?
종업원: 뭐라고요?

음! 오늘은 쉽게, 쉽게 넘어가나 했더니. 역시……
그래서 발음이 잘못 되었구나 싶어 '애타놀, 애타날, 애다놀' 계속 바꾸어 말했지만, 그 직원 이해를 못하였습니다. 결국 사전에 있는 철자를 보여주었더니, 아하 @@라고 말하였습니다. 그러더니 '어디에 쓰려고 하는지'를 묻더라고요. '왜 이런 걸 묻지?' 하고 다음과 같이 설명을 했지요.

To make a repellent against house dust ticks.
집먼지 진드기를 죽이는 퇴치제를 만들려고요.
* repellent 퇴치제, house dust ticks 집먼지 진드기

그랬더니 여기에는 없다고 하더라고요. 내 참 없으면서 왜 묻는지. 그래서 다른 약국에 가서 물었습니다. 그랬더니 역시 또........What? 이라고 묻더라고요. 그래서 제가 잘 써먹는 말! I'm sorry. I'm foreigner 한 후 그 직원에게 정확한 발음을 요구했더니

"에써놀:" 헉! 그래도 원어 발음 그대로 흉내를 내왔다고 자부했던(!) 저를 좌절시킨 발음.
"에 써 놀"
* 이 때 '써'는 두 이 사이에 혀끝을 과도하게 내민 발음입니다.

한국에서 영어 발음을 제대로 배웠더라면 이렇게까지 고생하지 않았을 텐데. 그러나 결국 거기에서도 '에써놀'을 못 찾아 약국을 한 군데 더 가서야 사는데 성공했습니다. 인간 승리!
그런데 기쁘게 오다가, 민욱 엄마 한 마디 했습니다. mothball 좀약은?

허걱, 에라 모르겠다! 다시 도전! 그리하여 다시 또 다른 곳에 가서 모쓰볼이 어디에 있는지 점원에게 물었습니다.

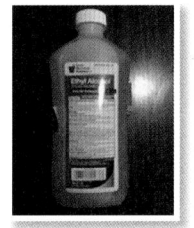

Which aisle are mothballs?
좀약은 어디에 있어요?

그러자 또 ~~~~~~~What?

사전을 다시 보여주었더니 아하 '마쓰볼!'이라고 하더군요. 오늘 하루 참 길었습니다.

42

Hotpack, what?
핫팩이 뭐지?

날씨가 많이 추워져서 몸을 따뜻하게 유지해 주는 핫팩(손난로)을 사러 갔습니다. 핫팩이 어디 있냐고 묻자 점원이 데려간 곳은 아플 때 붙이는 파스를 보여주었네요. 헉!

추울 때 몸 체온을 유지하는 것을 뜻하는 물건을 묻자 점원이 아하! hand warmer 손난로, body warmer 몸난로라고 활짝 웃으면 말했습니다. 또 toe warmer 발가락 난로도 있다고 하네요. 오늘도 하나 배웁니다.

참고로 삐었을 때 붙이는 파스는, 몸을 뜨겁게 하는 hot pack과 차갑게 하는 cold pack이 있습니다. 이 중 차가운 콜드팩을 미국사람은 더 선호합니다. 느낌은 진짜로 쿨 한 느낌!

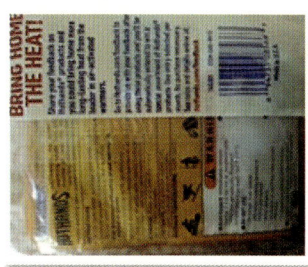 

43

Step by step
아니 이런 것까지

오늘 아침 민욱 엄마가 the birthday party for one-year old baby 아기 돌잔치와 내일 여행 갈 때 필요한 것들을 사기 위해 동네 아줌마와 월마트에 갔습니다. 그런데 갔다 오자마자 영수증을 보더니 '피스타치오'가 두 번 계산되었다 하더라고요. 더군다나 다른 아줌마와 함께 돌잔치 선물로 구입한 disposal diaper 일회용 기저귀는 아기에게 발진이 생긴다고 하면서 완곡하게 거절당했습니다. 휴 오늘 일타 쌍피로 해결해야 될 일이 생겼구먼. 쇠뿔도 당김에 뺀다고 돌잔치가 끝나고 난 후 바로 월마트에 환불하러 갔습니다.

There are two things I wanna ask to you.
부탁드리고 싶은 것이 두 개 있는데요.

The first one is that, ohm.
Today My wife bought Pistachio only one.
첫번째는 오늘 제 집사람이 피스타치오를 한 개만 샀거든요.

But that was double checked.
그런데 두 번 계산 됐어요.

How can I do?
내가 어떻게 하면 될까~~~~~~요?

The other one is that
다른 문제는

I wanna get a refund for the disposal diaper.
일회용 기저귀 환불 받고 싶어요.

그런데 그 미국인 영수증에 일회용 기저귀가 없는 것을 보고,

The item was not marked on the receipt.
그 물건 영수증에 표시 되지 않았는데요.

라고 말하는 거예요. 사실 이건 그 동네 아줌마 카드로 산 것이거든요.

OK Let's solve the problems step by step.
하나씩 해결해 봅시다.

이라고 말한 후에 먼저 피스타치오 '리펀드' 받고, 다음에 다른 영수증을 보여 준 후 기저귀 '리펀드'를 받았습니다.

미국 사회가 신용 사회여서 고객 말을 믿어 주는 것인지, 아니면 고객과 말다툼을 하는 것이 귀찮아서 그런지, 아무 말 않고 바꾸어 주데요. 다만 두 가지를 한꺼번에 말 하면 미국인, 계산 어려워 합니다.

At the Immigration
공항 입국 심사할 때

오늘은 미국 입국시 사용되는 간단한 영어 표현을 한번 살펴볼게요. 우선 방문 또는 여행목적과 체류기간, 국적, 체류지 등을 질문 받으면 당황하지 마시고 명확하고 솔직하게 답변해야 됩니다. 이 나라 사람들은 모호하면 일단 의심하는 버릇이 있습니다. 또 웃으면서 간단하게 대답하면 좋습니다. 입국 심사대는 영어로 immigration이라 하며 여기에는 세 종류의 입국 심사대가 있습니다.

시민권자 Citizens 영주권자 Residents 외국인 Visitors

한국인은 여기서 visitors 줄에 서면됩니다. 차례가 오면 앞에 biometric device 지문인식기와 카메라가 있을 겁니다. 제가 몇 년 전에 왔을 때 '지문 인식기'는 손가락 지문 2개를 찍는 기계와 카메라만 있었는데 지금은 열 손가락 다 찍는 기계로 바뀌었더라고요.

Put your right four fingers on the plate.
오른쪽 손가락 4개를 올려 주세요.

Put your left four fingers on the plate.
왼쪽 손가락 4개를 올려 주세요.

Put both of thumbs on the plate.
두엄지 손가락을 갖다 대세요.

Look at the camera.
카메라를 응시해주세요.

지문 인식과 카메라를 찍은 후 immigration officer 이민국 관리로부터 몇 가지 간단한 질문을 받게 됩니다. 비록 저희는 J1 비자라 질문을 거의 안 받았지만, J1 비자가 아닐 경우 대개 최종목적지와 여행목적, 머무르는 곳 등을 묻습니다. 그래서 일단 예상 질문들을 다 올려볼게요. 하지만 아래 내용 중 직원에 따라 질문을 안 하는 경우가 많이 있습니다. 더불어 대개 (1-4)는 질문을 안 하는 경우가 대부분입니다.

1) 직원 : Show me see your passport and landing card, please.
   여권과 입국카드를 보여 주시죠.
   대답 : Here they are.
   여기 있습니다.
2) 직원 : Where are you from?
   어디서 오셨죠?
   대답 : From Korea.
   한국에서 왔습니다.
3) 직원 : Is this your first visit to United states?
   미국에는 처음 오시는 겁니까?
   대답 : Yes.
4) 직원 : What's your final destination?
   최종 목적지가 어딥니까?
   대답 : Murray in Kentucky. 켄터키, 머레이요.
5) 직원 : What's the purpose of your trip?
   여행목적이 무엇이죠?

대답 : Visiting my sister(aunt/relative) and sightseeing.
제 동생(이모/친척)을 만나고 관광을 하려고 합니다.

6) 직원 : Where are you going to stay?
어디에서 체류하십니까?

대답 : At the house of my sister.
여동생 집이요.

7) 직원 : Where is the home of your sister?
여동생 집은 어디에 있습니까?

대답 : Waldrop in Murray
머레이시 월드랍입니다.

8) 직원 : How long are you going to stay in the United States?
미국에 얼마나 체류할 예정입니까?

대답 : About two weeks
약 2주 정도요.

9) 직원 : Do you have a return airplane ticket?
돌아가실 비행기표를 갖고 있습니까?

대답 : Yes. Here you are.
네, 여기 있습니다.

10) 직원 : Thank you. Enjoy your trip.
고맙습니다. 즐거운 여행이 되십시오.

대답 : Thank you very much.
고맙습니다.

* 위 내용은 집사람 언니가 미국에 오는데 도움을 주려고 작성한 것입니다.

45

Jet lag
시차

영어에 **jet lag**라는 말이 있습니다. '젤'이라는 말은 '제트기'의 '제트'에 해당하는 말로 '비행기'라는 뜻을 갖습니다. '래그'란 사전에 보면 '뒤처지다, 지체하다, 시간 착오'로 풀이 되어 있습니다. 그래서 이 둘을 합하면 '비행기로 이동 한 후 나타나는 항공 시차'를 의미합니다.

머레이 대학교에 저와 조금 친한 국제처 선생님이 있습니다. 이 분은 해외 출장을 자주 나갔다 오시기 때문에 이 시차 적응에 매우 고생을 합니다. 그래서 만나면 다음과 같은 말을 합니다.

How was your business trip to Korea?
한국 출장 잘 다녀왔습니까?

It was great!
좋았어요

But you don't looks so good.
그런데 좋은 표정은 아닌데.

Because I've got jet-lagged.
시차 적응 때문에 그래요.

* 시차 적응을 했다.
I overcame jet lag.

한국과 머레이(Murray)의 시간차가 15시간이어서 처음에 우리 가족, 시차 적응 때문에 애를 먹었습니다. **jet lag symptoms** 시차 부적응 증상에는 '잠을 못 잔다, 짜증이 난다, 소화가 안 된다, 기억력이 감퇴 한다' 등 여러 가지 현상이 있습니다. 저는 한 2주 동안 이것들을 다 겪은 거 같아요. 그런데 오늘 인터넷을 보니까 시차 적응을 빨리 하는 법에 대해 나와 있더라고요. 이걸 알았더라면 좀 더 빨리 시차적응을 하였을 텐데. 그래서 우리 식구들이 여행을 가면 필요할 것 같아 여기에 몇 가지를 적어 볼 게요.

첫째, 오기 3일 4일 전부터 잠자는 시간을 1시간씩 늦춘다.
둘째, 기내에서 식사는 적게 먹는다.
셋째, 기내에서 30~40분 정도로 잠깐 수면을 취한다.(5~6시간 자면 안 된다.)
넷째, 기내에서 스트레칭을 한 후 잠을 잔다.
다섯째, 기내에서 와인 한두 잔을 마신다.
여섯째, 미성년자는 물을 자주 먹는다.
일곱째, Melatonine 을 복용한다.

*멜라토닌은 비타민이나 미네랄처럼 건강 보조 식품 Dietary supplement로 분류하고 있다고 하며 부작용이 없다고 하는데 맞는 건지는 모르겠어요. ㅋㅋ

46
Do you have a seat next to the emergency exit?
비행기 좋은 좌석 고르기

가까운 거리를 비행기로 여행할 때는 아무 좌석이나 상관이 없지만 장거리의 경우 좋은 좌석을 고르는 것이 편안한 여행을 하는 데 매우 큰 도움이 됩니다. 보통 좌석은 first come first served 선착순이지만 나라마다 규정이 다릅니다. 예컨대 델타 항공은 좌석이 편안한지 그렇지 않은지에 따라 비행기 가격이 달라집니다. 하지만 가격을 더 주지 않고도 좋은 좌석을 받을 수 있는 요령이 있어요. 그건 우선 싼 좌석의 티켓을 고른 후, 공항 데스크에 가서 직원에게 좋은 좌석을 달라고 하는 거예요. 비행기가 만석이면 모르되 그렇지 않으면 돈을 더 내지 않고도 좋은 좌석을 얻을 수 있는 경우도 종종 있기 때문이지요. 그렇다면 가장 좋은 좌석은 어디일까요?

바로 복도 쪽 비상구에 있는 좌석입니다 비상구는 일반 좌석보다 훨씬 넓으며, 복도는 편하게 드나들 수 있으니까 그렇습니다. 그런데 이 좌석을 얻으려면 남들보다 1시간 더 일찍 가야 됩니다. 곧 최소한 2시간 반 이전에 가서 카운터 앞에서 줄을 서야 된다는 것이죠. "에이 귀찮아. 좌석 안 받고 말지."라고 할지 모르지만 미국과 같이 거의 하루가 걸리는 상황이라면 달라지지요. 순간의 선택이 하루를 좌우하기 때문이지요.

그런데 비상구석은 청소년은 앉을 수 없을 뿐만 아니라 어른의 경우에도 승무원의 지시를 따를 수 있는 사람으로 한정합니다. 그래서 미국 항공의 경우 비행기를 타기 전, 카운터 직원이 영어를 이해할 수 있는지를 묻습니다. 이 때 주저하면 직원이 다른 좌석을 권합니다. 그러지 마시고 "이해할 정도는 된다." 고 자신 있게 말하시면 됩니다. 물론 이 좌석을 얻은 뒤 승무원이 다가와 영어로 비상시 지침을 말할 수 있습니다. 이럴 때 당황하지 않고, 으흠(uhm), 오케이(OK) 아이브 가릿(I've got it, 알겠어요)하면 됩니다. 한편 비상구를 달라고 할 때 보통 아래와 같이 말합니다.

Can I get the seat of aisle and exit? 또는
Do you have a seat next to the emergency exit?

또한 미국은 논스톱으로 올 수도 있지만 대개 한 번 갈아타는 경우가 많습니다. 저희도 그랬어요. 그래서 혹시 도움이 될까 하여 아래에 환승 관련 영어 표현을 적어보았습니다.

Excuse me, I'd like to go to Nashville.
죄송합니다만 네쉬빌로 가려하는데요.

Where is the gate for connection flight?
환승 편 입구가 어디에요?

You can go to the gate 32.
32번 게이트로 가면 됩니다.

When do I need to board my flight?
몇 시까지 탑승해야 하나요?

You should get there by nine twenty.
9시 20분까지는 가야만 합니다.

또한 미국의 국내항공은 대부분 가방을 직접 옮깁니다.(물론 비싼 비행기표는 직접 옮기지 않아도 되지만 이때 쓰는 영어표현은,

Do I pick up my baggage again?
가방을 가지고 다시 가야 하나요?

Yes, pick it up to the baggage claim for connection flight.
예! 환승 수하물 운반대까지 가지고 가셔야 합니다.

47 Placard or banner?
"현수막"은 "플래카드"가 아니다!

한국에서 '플래카드'라는 말은 영어 발음으로는 [플래커드]입니다. 그런데 뜻이 한국 사람들이 알고 있는 '현수막'과는 그 의미가 다소 달라 상황을 고려하지 않은 채 무조건 현수막으로만 해석하면 문맥에 맞지 않는 경우가 종종 나옵니다. 예를 들어 아래와 같이 비행기 탑승 시 승무원의 안내 방송에 나오는 '플래커드'를 '현수막'으로만 해석하면 굉장히 어색해지게 됩니다.

For everyone's safety, federal regulations require all passengers to comply with the posted "placards" and lighted information signs located throughout the cabin, in addition to any crew member instructions.

모든 사람의 안전을 위해 연방법에 의거, 모든 승객들에게 기내 부착된 '현수막'들과 조명 정보 표지판, 그리고 승무원들의 지시에 협조해야 합니다. (←기내 설명서)

* federal regulation (페더럴 레귤레이션, 연방법)
* Cabin (캐빈, 기내)
* lighted information sign (라이티드 인포매이션 싸인, 조명 정보 표지판)

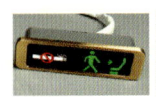

소위 한국에서 말하는 천으로 된 '현수막'의 올바른 영어는 '배너(banner)'라고 합니다. 이 '배너'는 한국에서는 인터넷 '광고판'만을 지칭하는 것으로 알려졌지만 '현수막'의 의미가 더 보편적입니다. 또한 영어에서 '현수막'은 '배너' 이외에 '스트리머(streamer)'라고도 부릅니다(①). 특히 장식으로 쓰는 '줄 현수막' 예컨대 '만국기'를 말할 때 '스트리머'라고 말합니다.

다시 돌아와서 '플래커드'는 영어에서 사용되는 범위가 매우 넓은데 우선 방금 위에서 살펴보았듯이 기내에서 쓰일 경우, 안전표지를 나타내는 '기내 설명서'(의자 뒷면에 붙어 있음)(②)를 지칭합니다. 또한 유적지에서 볼 수 있는 유적을 설명하는 안내판(③), 전봇대에 붙은 네모난 벽보(④), '직분'과 '이름'을 나타내는 책상용 명함판(⑤), 그리고 시위나 줄을 설 때 앞에 드는 '손팻말'(⑥)도 모두 '플래커드'로 부릅니다.

① 스트리머(streamer)

② 기내 설명서(placard)

③ 유적 안내판(placard)

④ 전봇대 벽보(placard)

⑤ 책상용 명함판(placard)

⑥ 손팻말(placard)

요컨대, 약간 딱딱하고 네모난 알림판은 무조건 '플래카드'로 부른다는 거지요. 한편 '손팻말'도 손잡이 부분이 짧은 것은 '패들(paddle)'로 불러요. 지난 번 미술품 경매에 참여할 때 미국인들이 '패들, 패들' 하고 말을 했는데 이 말이 무슨 말인지 몰라 사오정처럼 가만히 멍하니 서 있었더니, 경매 직원이 와서는 떡하니 번호 팻말을 주더라구요(⑦). 허걱! 순간 당황했습니다. 제가 알고 있는 '패들'은 '카누'를 저어 나아가게 하는 '노'(⑧)만으로만 알았기 때문이지요

⑦ 짧은 손잡이 손팻말(paddle)

⑧ 카누의 노

'패들'이 '카누'의 '노'라는 뜻으로 쓰이지만 상황에 따라 다양하게 쓰이는지 몰랐던 것입니다. 한 가지 더 '탁구 라켓'도 짧은 손잡이이면서 손팻말과 닮았잖아요. 그래서 '탁구 라켓'도 '핑퐁 패들'이라고 부르기도 한답니다. 휴 이제 정리해 볼게요.

1) 플래커드[placard] : 기내 설명서, 유적 안내판, 전봇대 벽보, 책상용 명함판, 손팻말
2) 배너[banner] 또는 스트리머[streamer] : 현수막
3) 패들[paddle] : 짧은 손잡이 손팻말, 카누의 노, 탁구 라켓

그럼 이를 응용하여 재미있는 문제를 내볼게요. 한국의 '개헤엄'을 영어로 뭘까요?

① 도그 플래커드(dog placard)
② 도그 패들(dog paddle)
③ 도그 배너(dog banner)
④ 도그 스트리머(dog streamer)

힌트) 헤엄치는 모습이 엉성하게 노를 젓는 동작과 닮았음.

명철 정답은 2번...ㅋㅋ
명광 아니 이럴 수가 정답입니다.

Welcome aboard
탑승 안전 수칙

왁자지껄하게 떠들다 wiggle-waggle
최우선 priority
시범, 제시 presentation
수하물 carry-on item
집어넣다 stow
비행기 선반 짐보관함 overhead bin
(비행기의) 칸막이벽 bulkhead

비행기를 타다보면 떠나기 전에 승무원이나 기장이 안내방송을 합니다. 이 안내방송 대부분은 "타 주셔서 고맙습니다. 비행 시간은 얼마 걸립니다." 등 일반적인 내용과 함께 안전 수칙에 대한 설명이 주입니다. 그런데 한국 항공을 타면 안전 수칙을 한국말로 느긋하게 들을 수 있지만 외국 항공 특히 미국 항공을 탈 경우 한국말 거의 안합니다. 더구나 그 안내 방송의 말이 워낙 빨라 그냥 위글웨글(wiggle-waggle)로만 들리는데요. 하지만 이 안내 방송은 거의 비슷한 내용이기 때문에 자주 들으면 익숙해집니다. 그래서 오늘은 승무원이 기내에서 말하는 안전 수칙에 대해 말해 볼게요.

Welcome aboard and thanks for flying with XXX. Our first priority on every flight is safety.
탑승을 환영하며, XXX 항공을 이용해 주셔서 감사합니다. 모든 비행기 운행에 있어 최우선은 안전입니다.

So before we depart, I'll be giving a brief safety presentation.
그래서 출발하기 전에, 몇 가지 간단한 안전 시범을 보이겠습니다.

Okay, be sure all carry-on items are securely stowed in an overhead bin and place smaller items under the seat in front of you, and ensure all aisles, exits and bulkhead areas are clear.
자, 모든 수하물들은 위에 있는 보관함에 안전하게 넣어 주시고 작은 물건들은 앞좌석 밑에 넣으셨는지 확인하시기를 바라며, 모든 복도, 비상구들 그리고 칸막이 구역이 치워졌는지도 확인하시기 바랍니다.

And ensure mobile phone and electronic devices are turned off.
그리고 핸드폰과 전자제품은 꺼주시기를 바랍니다.

If you're seated in an emergency exit, please review the responsibilities for emergency exit seating on the back of the safety information card, which is in the seat pocket.
만약 좌석이 비상구 좌석이라면, 좌석 꽂이안에 있는 '안전 표지 카드' 뒷면에 적혀 있는 비상구에 대한 책임 임무를 살펴보시기 바랍니다.

※ wiggle-waggle : 왁자지껄하게 떠들다, 흔들다, 세상 이야기를 하다
priority : 최우선
presentation : 시범, 제시
carry-on item : 수하물
stow : 집어넣다
overhead bin : 비행기 선반 짐보관함
bulkhead : (비행기의) 칸막이벽

Driving
미국에서 운전면허 취득하기

미국에 올 때 보통 한국에서 국제면허증을 따가지고 옵니다. 하지만 한국의 국제면허증은 유효 기간이 1년이기 때문에 단기간에 체류하는 사람들에게는 별 문제가 되지 않지만, 1년을 넘어 미국에 체류할 경우, 미국 운전면허증이 없으면 상당히 불편하기 때문에 반드시 따야 됩니다.

미국의 운전 면허증 취득 방법은 주마다 각각 다르지만 한국과 마찬가지로 필기시험과 실기시험을 두가지를 봅니다. 필기시험의 경우, 한국어판도 있어서 영어 공부를 하지 않더라도 대부분 합격을 한다고 합니다. 물론 한국어 내용이 좀 서툴러서 한국어 해석을 위한 한국어 연습이 필요하기는 하지만 말입니다.ㅋㅋ. 하지만 문제는 실기 시험입니다. 미국에서는 도로 주행이 필수적인데, 미국의 도로 주행 환경과 한국의 도로 주행 환경이 다르기도 하거니와(예컨대 비보호 좌회전 또는 우회전, STOP표지판이 있을 때 3초간 정지 후 출발 등), 미국인 시험관이 동석하여 영어로 "쏼라 쏼라"하기 때문에 당황하기 쉽습니다.

실기 시험 중 주의할 몇 가지를 알게 된 내용이 있어 여기에 몇 자 적어 봅니다.

1) 도로 주행 전에 묻는 질문 : 차량 점검

미국에서는 도로 시험을 볼 때 자기 차를 가지고 오기 때문에 도로 시험 전에 반드시 정비소에서 점검을 다 받고 와야 됩니다. 차량 상태가 불량일 경우 불합격으로 처리되기 때문입니다.

(1) Right Signal : 오른쪽 깜빡이
(2) Left Signal : 왼쪽 깜빡이
(3) Foot Brake : 발 브레이크
(4) Emergency brake : 보조 브레이크

(5) Hone : 경적
(6) Windshield Wipers : 앞 유리창 브러시
(7) Defroster : 뒷 유리 서리 제거기
(8) Front Defroster : 앞 유리 서리 제거기
(9) Emergency Flasher : 비상등
(10) Headlights : 전조등
(11) Arm Signals : 수신호

2) 주행 중 시험관(examiner) 점검 사항

(1) 출발 방법 (How you start your vehicle)
연석(도로와 인도 사이에 있는 갓길)에서 출발하기 전에 거울(사이드 미러, 리어 미러)을 확인하는가, 출발 전 지나가는 차량을 확인하기 위하여 고개를 돌려 후방을 살펴보는가?

(2) 차 조작 방법 (How you control your vehicle)
엑셀(gas pedal), 브레이크(brake) 운전대(steering wheel)(두 손을 운전대 위에 모두 올려놓았는지 확인)를 올바르게 사용하는가?

(3) 주행 방법 (How you drive in traffic)
차선 변경 시 신호를 주는가? 회전하기 전 적당한 거리에서 신호를 주는가? 주변 차량들과 안전거리를 유지하는가?

(4) 시야 확보가 어렵거나, 혼잡한 교차로를 통과하기
(How you drive through blind or crowded intersections)
표지판, 신호등, 보행자 및 다른 차들을 주의하여 통과하는가? 우선할 때 우선하고 양보할 때 양보를 적절하게 하는가?

(5) 후진 (How you back up)
후진 중 오른쪽 어깨 너머로 후방을 살피는가? 똑바로 후진할 수 있는가?

(6) 거리 판단 (How you judge distance)
다른 차들을 따라 가거나 앞지르기를 할 경우, 다른 차량들과 안전거리를 유지하는가? 보행자나 도로상의 자전거 이용자들과 안전거리를 유지하는가?

실기 시험이 대개 우리나라와 비슷하지만, 우리나라 운전 습관대로 레이서처럼 차를 몰면 떨어진다고 합니다. 그나저나 저는 이제 한 손으로 운전하는 것이 편한데 두 손으로 어떻게 운전하지? ㅋㅋ

50

Driver's License
운전면허 취득을 위한 준비 서류

개인 서류 ID materials
응시 원서 Application Form
학교 등록 증명서 School enrollm
거주지 증명서 Proof of Housing
사회 보장 번호 SSN

미국에서 운전면허증을 취득할 때 필요한 서류는 외국인의 경우 8가지 서류가 필요합니다. 아래가 그것인데요.

※ 비 시민권자 운전면허 응시 자격 서류

(Non U.S. Citizen Application For a Driver's License)

(1) ID materials : 개인 서류
  - Passport(여권) / Visa(비자) / I-94 / DS-2019
(2) Application Form : 응시 원서
(3) School enrollment : 학교 등록 증명서
(4) Proof of Housing : 거주지 증명서
(5) Social Security number(SSN) : 사회 보장 번호

(1)의 개인 서류야 미국에 올 때 받아야 하는 것이기 때문에, 이미 준비되어 있는 것이므로 별 걱정은 안하셔도 됩니다. (2)도 운전면허사무소에서 그 양식을 주니까 그냥 있는 내용을 적어 넣으면 어려운 것이 없습니다.

※ 다만 응시 원서 안에는 특이한 것이 있는데 Eye Color(아이 칼라, 눈 색깔)을 적는 난이 있습니다. 동양인은 보통 black(검은 색)이라고 하기 쉽지만, 실은 '갈색'이어서 'brown(브라운)'이라고 적어야 합니다.

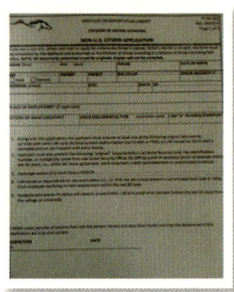
응시원서(Application Form)

(3)은 이 사람이 학교에 등록되어 있는 사람인지를 증명하는 증명서로 역시 학생처에서 서류를 받아 작성한 후 학교 안의 Transcripts and Verifications (공증처)에서 확인 도장을 받으면 됩니다. 그런데 문제는 '거주 증명서'(4)입니다. '거주 증명서'는 자신이

거주하고 있는 곳에 대한 증명인데, 우리나라는 동사무소에서 '거주 증명서'를 뗄 수 있잖아요? 하지만 이 나라는 아래와 같이 본인이 직접 증명 서류를 찾거나 개별 기관에서 발급 받아 제출해야만 합니다.

① 주소지가 적혀 있는 envelope 편지 봉투 또는 Proof of Housing 거주지 증명서

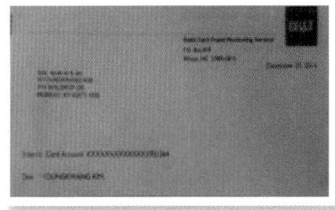

편지봉투

먼저 ①과 같이 자신의 이름이 명기 되어 있는 편지 봉투를 찾아 제출하면 '거주 증명'이 되는 것입니다. 특히 개인 편지보다는 자기 집에 온 "전기, 가스, 은행 고지서"등과 같은 공공 편지가 있다면 더 확실한 증명이 됩니다.

재미있는 것은 우리나라의 경우 증명 서류의 유효 기간이 6개월인 반면 여기에서는 "한 달 이내의 소인 또는 날짜"가 적힌 편지만이 유효하다는 것이지요. 물론 "집 매매 계약서, 렌트 계약서"와 같은 계약서도 거주지 증명을 할 수도 있습니다. 하지만 미국에서 ①이 자신이 지금 살고 있는 거주지를 증명할 수 있는 가장 보편적인 방법입니다. 그런데 유학생의 경우는 '기숙사'에서 생활하기 때문에 공동 명의로 되어 있는 경우가 많아 자신의 이름이 적힌 공적 편지가 없는 경우가 많은데, 이때는 Housing office (교내 기숙사 관리실)에서 발행하는 증명서가 필요합니다. 한편 저의 경우는 '기숙사'가 아니라 학교 사택에 살고 있기 때문에 제 서류(DS-2019)를 발급해 준 책임자가 만들어 주는 증명서가 필요하여 거기서 증명을 받았습니다.

이러한 절차는 무지한 제가 발로 뛰어 알게 된 겁니다. 흑흑. 제가 한 시간 정도 떨어진 Driver License Office (운전면허사무소)에 서류를 제출하러 갔다가 제가 서류 불충분으로 신청을 하지 못했기 때문이지요. 편지는 가져갔으나, 한 달 이내의 것이 아니기 때문에 그 직원이 한 달 이내의 편지를 다시 가지고 오든지 아니면, 학교 기숙사 사무소에 가서 거주지 증명서를 받아가지고 오라는 겁니다. 더불어 여기 운전면허사무소는 수요일 오전에는 근무를 안 하기 때문에 서류가 구비되더라도 오후에 오라고 하는

거예요. 그래서 눈물을 머금고 학교에 돌아가서 기숙사 관리실에 가서 증명서를 달라고 했더니, 아 글쎄, 제가 사는 곳이 기숙사가 아니라 학교 사택이기 때문에 여기서는 발급할 수 없다고 하는 겁니다.

결국 저의 DS-2019 서류를 만들어 준 사람에게 증명서를 발급 받으러 갔습니다. 음! 강아지 훈련 많이 했습니다. ㅋㅋ (여담이지만, 그분도 증명서를 만들어 주었지만 프린터의 잉크가 떨어져, 다음날 아침에 서류를 받았습니다. 그날은 머피의 법칙이 확실히 적용된 하루였습니다. ㅠㅠ

※ 참고

DS-2019에서 DS는 Duration of Status (체류 지위)라는 말로 어떤 지위를 가지고 체류하느냐는 증명서로 다양한 DS가 있습니다. 이 중에서 DS-2019는 주로 교환 방문자 (교환 학생이나 방문 학자 등)의 자격(J1 visa 자격)으로 오는 사람들을 위한 일종의 자격 증명서입니다. 반면에 학생 자격(F1 자격)으로 미국에 체류하는 사람은 I-20라는 서류를 반드시 가지고 있어야 합니다.

아래 사회 보장 번호 SSN(Social Security number)는 지난번에 우리나라의 주민등록증과 같은 것이라 말했지요. 그런데 '사회 보장 번호'가 없다고 하여 운전면허 시험이 불가능한 것은 아닙니다. 그것은 가까운 지역에 있는 US Social Security Administration 사회 보장국을 찾아가서 Social Security Card (사회 보장 카드)를 작성한 후 Ineligibility Letter (면제 사유서)를 받으면 되기 때문입니다.

Buy a car 1
자동차 구입하기 1

　미국에서 생활하려면 자동차가 필수적으로 필요합니다. 미국의 큰 수도에서는 대개 버스와 지하철 등 public transportation 대중교통이 많이 있지만, 도시 이외의 지역은 거의 대중교통수단이 없기 때문에 자동차는 선택이 아니라 필수입니다. 이번 2학기에 우리 대학교에서 visiting scholar 방문 교수로, 또 한 선생님이 머레이 대학교에 오셨습니다. 그런데 온 지 얼마 안 되어 자동차를 사지 못하여, 숙소에 짐을 옮기는 데에도 정착에 필요한 여러 가지 일을 하는데에도 매우 불편해 했습니다. 그런데 마침 지인으로부터 어제 중고 자동차 중 값이 싸고 깨끗한 차가 나왔다는 연락을 받고, 급하게 차를 사러 갔습니다. 그런데 미국에서는 돈이 있다고 바로 차를 살 수 있는 것이 아니라, 먼저 보험을 들어야 차를 살 수 있습니다.

　보험을 들기 위한 필요한 정보는 많이 있지만, 딜러(dealer)로부터 정보를 받기 때문에, 이 절차는 매우 쉽습니다. 다만 그 정보를 들고 보험 회사를 간다고 하더라도, 보험 계약과 관련된 용어를 모르면 나에게 맞는 보험을 드는 것이 어려울 수 있습니다. 어제 제가 그 선생님과 가서 보험 계약을 했던 내용을 대략 써보면 다음과 같습니다.

Do you wanna get liability coverage or full coverage?
(책임 보험을 들 거예요 또는 종합 보험을 들 거예요?)

　미국에서 보통 liability 라고 하면 상대편 차 수리와 대인 보상을 해주는 것을 뜻하며, full coverage 라고 하면 상대방 차(사람)와 내차 (본인) 모두 수리 또는 보상이 가능한 보험입니다. 이 선생님은 상대편 차의 수리와 보상을 해주는 보험만 들었기 때문에, liability라고만 말하였습니다. 하지만 보험을 들 때 full coverage 도 알 필요가 있는데, '풀 커버리지'는 third party liability(대인/대물 보험)뿐만 아니라, 자기의 실수로 인해 어떤 물체와 충돌했을 때 보상해주는 collision(충돌사고보상), 나의 실수가 아닌 원인으로 충돌이 생긴 경우 보상해 주는 comprehensive (기타사고보상)도 보험 내역에 포함됩니다.

*참고로 '대인/대물'을 따로 말할 때는 Bodily Injury, Property Damage 라고 합니다.

다음에 직원은 insurance payment 보험비 뿐만 아니라 membership fee 회원 가입비도 내야 된다고 말하였습니다. '회원 가입비'가 뭔지 궁금하여 물어보았더니 '차 수리 할인, 차견인 비용 할인, 귀중품 도난 보상' 등 자질구레한 것이 포함되어 있었습니다. 그래서 이 직원에게 이것이 Is it optional or obligatory? 선택적인거냐 아니면 의무적인 것이냐라는 질문을 하였습니다. 그런데 그 사람왈, 이 '맴버십'을 가입 안하면 보험 자체가 무효가 된다고 하는 말을 하더군요. 켄터키 주만 그런지 아니면 다른 주도 그러한 것인지는 잘 모르겠지만, 이해가 잘 안 되더라고요. 아무튼 제가 '맴버십'을 왜 물어보았냐고 하면, 우리 집에 여기에 멤버십 청구서가 날라 왔기 때문입니다. 자동차 보험 유효 기간이 한국과 달리 6개월이기 때문에 자동차보험을 갱신해야 된다고 하네요.

지난달에 우리 집에 보험 가입을 갱신하라는 편지가 왔는데, 그 편지 안에는 보험비 뿐만 아니라 회원 가입비 고지서가 함께 들어있었습니다. 저는 보험비만 내고 이것은 그다지 중요하게 생각하지 않아 여태까지 내지 않은 채로 있었던 것이었습니다.

당시에 편지 봉투 안에 Insurance check '보험료 수표'만 넣고 보험 회사에 우편으로 보냈기 때문에, 까맣게 잊고 있었습니다. 그러던 것이 이제야 생각나서 직원에게 물었더니 보험비가 인정되지 않는다고 말을 하더라고요. 그래서 그 선생님 보험료를 도와준 후에, 부랴부랴 저도 멤버십 비용을 지불하였습니다. 까딱 잘못하였으면, 보험료를 내나마나 했을 뻔 했습니다.

미국 사회, 이해하기 좀 힘드네요. 두 가지 내역을 한꺼번에 청구하면 되지, 따로 따로 만들어 사람을 헷갈리게 만들다니요.

명철 큰일 날 뻔 했구먼! 방문교수 덕에 좀 더 알게 되고 까맣게 모르고 있던 멤버십가입 해서 다행이야! 그리고 미국 종합보험 성격의 금액은 얼마나 되고 회원가입비는 얼마쯤 되는지?
명광 종합보험은 600불이 좀 넘어요. 한국보단 싸지만 그것도 한도를 높이면 비싸요.

52
Buy a car 2
자동차 구입하기 2

현금수표 cash check
차량등록 Car registration
번호판 number plate
보장 warranty

보험 회사에서 보험증을 받으면, 이것을 가지고 해당 차가 있는 중고차 판매소로 가야 합니다. 미국에서는 마음에 드는 car agency 중고차 판매소를 가려면 조금 발품을 팔아야 하는데, 왜냐하면 마음에 드는 자동차가 있다고 하더라도 그것이 먼 곳에 있다면 그림의 떡이기 때문입니다. 그래서 자기가 사는 곳에 가까운 지역에서 자동차를 구입해야 되는 것이지요. 만약 마음에 드는 차가 플로리다에 있다면, 한 18시간 가야 되기 때문에 사기 전에 지치고, 또 가서도 그 차가 마음에 들지 않는다면 음 18시간 허탕치고 다시 돌아와야 하는 사태가 벌어지기 때문입니다. 우리가 보아두었던 차는 테네시 주 Jackson이라는 도시의 중고차 대리점에 있었습니다. 머레이에서 80마일 정도 (150km) 정도 떨어진 곳이지요. 이건 엎어져서 코 닿을 거리라는 것, 이젠 아시죠. ㅋㅋ. 그래서 그 차를 사러 부리나케 그 곳으로 달려갔습니다. 우리가 만나려는 딜러를 만나 이 사람에게 여권, 면허증 그리고 보험증을 주면 이젠 끝. 물론 돈은 준비해 가지고 말입니다. 이 선생님은 오신지 3일 밖에 안 된 터라 은행 계좌를 개설하지 못하여, 돈을 cash 현찰로 준비했답니다. 이 사람들 계속해서 물었습니다. Do you wanna pay in cash? 진짜 현찰로 계산할 겁니까? 이거 왜 이렇게 질문할까요? 예. 미국 사람들은 100달러 이상 현찰을 가지고 다니는 사람들이 극히 드뭅니다. 대신에 필요할 때 개인 수표를 가지고 다니기 때문입니다. 차 값이 약 13,000불이니 100달러로 130장을 소지하고 있다는 것은 감히 상상을 못하죠. 나중에 차량 등록을 하는 직원이 이 돈을 세는데 한 30분 정도 시간이 걸린 거 같습니다. 100달러짜리를 일일이 확인하고(이 나라 사람들은 100달러를 받으면 위조 여부를 반드시 확인합니다.), 그 돈이 맞는지를 재차 세어 보고, 틀린 거 세어보고, 세어 보고 하느라....... 나중에 아는 지인에게 들었는데, 은행 계좌가 개설되어 있지 않다고 하더라도 은행에서 현금을 cash check 현금 수표로 바꾸어 준다고 합니다. 그럼 이 설 들고 결제를 하면 가지고 다니는 사람이나 받는 사람이나 훨씬 간편하다고 하네요. 가기 전에 알려주지 음! 아무튼 사람은 끊임없이 배워야 한다니까! ㅋㅋ. 중고 매장에서 하는 일은 car registration 차량 등록, number plate 번호판 등록, 그리고 자동차세 계산 등의 업무를 대행해줍니다. 자동차세는 주마다 다릅니다. 그런데 이 선생님이 살 차의 소재지는 '켄터키'이기 때문에 켄터키 주의 '세'를 냈습니다. 참고로 켄터키 주 중고 자동차세는 5.5%더라구요. 그래서 자동차 값에 세금을 합하고, 여기에 등록비까지 계산 하여 본 결과 약 13,000달러를 내었습니다. 중고차 매장에서 특이한 점은 정식 매장의 경우 자동차를 팔기 전에 차량을 전부 검사한다는 것입니다. 우리나라 자동차는 팔기 급급하여 외관만 고치는 것이 대부분이나 여기는 차량 내부를 아주 세부적으로 점검하여, 교체할 부품을 다 간 후에 차를 판다는 것입니다. 지난 번 말했는지 모르지만, 제가 차를 사러 갔을 때, 그날 인수 받지 못하고 다음날 인수 받았는데, 그 이유가 브레이크 페달 교체가 안 이루어졌다는 이유였습니다. 이러한 점은 미국이 한국보다 조금 발전된 신용 사회라고 여길 수 있습니다. 중고차 시장에서 '차량 점검'을 하기 때문에 매장 자체의 '차량 보증 기간'과 '마일'이 있습니다. 그래서 제가 아래와 같이 직원에게 '차량 보증 내용'이 어떻게 되냐고 물어봤을 때,

What is the warranty for the car?
보장이 어떻게 돼요?

그러자 그 직원은 저에게 period or miles? 기간을 의미해요 아니면 마일을 의미해요라고 되묻고는 이내 1 year 3,000 miles(약 4,650 km)라고 말을 해 주었습니다. 이건 중고차 치곤 '보증 기간'과 '마일'이 상당히 높은 겁니다. 더 나아가 차를 산 후 한 달이 좀 지나 '차량 보증 전문 보험 회사'에서 편지가 왔습니다. 그것은 차량 보증 기간과 마일을 연장하겠느냐는 내용이었습니다. 이는 마치 한국에서 우리가 새 차를 샀을 때, 보증 기간이 끝날 때 쯤 자동차 회사에서 보증 기간을 연장할 여부를 묻는 편지를 받는 것과 마찬가지입니다. 보험 회사가 중고차 보증 기간 연장 여부를 묻는 편지를 보낸다는 것은 그만큼 중고차라고 할지라도 차량에 대한 안전성에 대한 '믿음'즉 '신용'이 밑바탕에 깔려 있지 않으면 일어날 수 없는 일인 것입니다. 한 가지 더, 차를 사기 위해 먼 길을 왔기 때문에, 이 중고차 매장에서는 제 차와 판 차 모두 기름을 가득히 넣어주는 서비스도 함께 받았습니다. ㅋㅋ. 단 이것은 '딜러'와 협상을 해야 얻을 수 있는 조건입니다.

 동욱 기름도 공짜로 넣어주고~~기름 많이 나오는 나라이니까~~정말 생소하네~~
명광 멀리가서 그 차를 사주는 차원이니까 ㅋㅋ

53

License plate 1
자동차 번호판 달기

미국에서 자동차를 구입한 후 무척 신기했던 것은 license plate 자동차 번호판이 앞에는 없고 뒤에만 있는 것입니다. '자동차 번호판'을 차에 부착하는 것은 각 주마다 다르다고 하나 대개 뒤에만 번호판이 있다고 합니다.

그런데 얼핏 뒤에만 번호판이 있기 때문에 고속도로에서 자동차를 식별할 필요가 있을 때 어떻게 판별할 수 있는지 궁금하시겠지만, 뒷번호를 찍는 카메라 시스템이 있어서 걱정(?) 안 하셔도 됩니다.

한국에서는 고속도로를 들어서려면 tollgate가 있으며 목적지 출구에서 돈을 정산하잖아요. 미국은 이와 좀 다른데요. 우선 대개의 고속도로에서는 돈을 받지 않지만, 민간 회사들(예를 들어 플로리다는 Sunpass)이 운영하는 곳에서는 돈을 받습니다. 그런데 '올랜도'에서부터 '키웨스트'까지 가는 곳에 '톨게이트'가 여러 개가 있더라고요. 한국처럼 생각해서 첫 번째 톨게이트에 가서 돈을 냈습니다. 대략 1$ 조금 넘더라고요. 그래서 미국 고속도로비는 '참 싸다'라고 생각하고 기분 좋게 가는데 조금 가다 보니 고속도로 옆길에 또 썬패스가 있는 거예요. 우리는 모두 '우리는 냈지!'하고 뿌듯해 하면서 한 이틀은 그대로 갔는데, 아무래도 느낌이 찜찜하여 켄터키로 돌아오는 날 고속도로 옆 톨게이트의 직원에게 물어보니 아니나 다를까 각 톨게이트마다 논을 다 지불하는 거더라고요. 'Oh, my gosh' 당황하여 어떻게 하면 되느냐 했더니 '썬패스'홈페이지 주소를 가르쳐 주면서 여기에다 문의를 해 보라는 거예요. 그런데 돌아와서 애라 모르겠다. "내가 아쉽나? 니들이 아쉽지"하는 심정으로 그냥 내버려 두었더니, 결국 고지서가 날라 왔습니다.

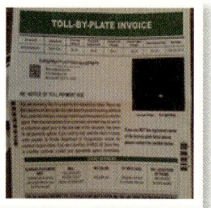

어디에서 돈을 안 내었는지 Toll-by-Plate invoice 통행료 명세서까지 말입니다. 음 한국만 첨단을 달리는 줄 알았더니! 너무 번져 갔네요.

아무튼 뒤에 있는 미국 라이슨스 플레이트는 한국 번호판과 여러 가지 면에서 다른데, 그 중에서 미국 번호판은 각주 주마다 독특한 로고와 디자인을 가지고 있으며 개인이 번호판에 자신만의 문구를 넣을 수 있습니다. 비록 제가 중고차를 샀다고 하더라도 Kentucky Department of Motor Vehicles 켄터키 교통국에 추가 비용을 내면 개성 있는 문구를 써 넣을 수 있습니다. 하지만 저는 돈이 아까워 그렇게 하지 않고 이전 주인의 번호를 그대로 쓰고 있습니다. 각 주마다 로고와 디자인이 다르고 여기에 emblem 상징 또는 문구도 각 주를 대표하는 말로 다양합니다. 미국의 '주'가 우리가 생각하는 '도'의 개념보다 훨씬 더 강력한 자치권을 갖기 때문에 가능한 일입니다. 즉 미국의 '주'는 외교나 군사 분야를 제외하고는(이것은 연방 정부의 역할) 모든 분야에서 독립성을 갖기 때문에 각 주가 거의 한 나라로 보시면 됩니다. 즉 각 주는 외교나 군사 이외의 법률적 권한에 대해서는 거의 독립국가에 가까운 재량권을 가지고 있기에, 독자적인 경찰체계나 사법체계, 교통법규, 그리고 행정자치권을 행사합니다. 그래서 교통 규칙이나 법규도 각 주마다 다르고 운전 면허증도 다른 주로 이동하면 새로 취득해야 하는 경우가 많습니다. 물론 필기시험에 한정해서이지만 말입니다. 이러한 맥락으로 각 주마다 자기 주를 상징하는 주 깃발과 주 상징 동전 그리고 주 상징 동물이 있습니다. 따라서 미국 자동차 번호판에는 자기 주의 상징과 개인이 표현하고 싶은 말 그리고 고유한 자동차 식별 번호 등 여러 가지 내용이 함축되어 있기 때문에, 매우 재미있습니다. 오늘은 우선 켄터키 주의 자동차 표지판에 주로 쓰이는 상징물에 대해서 이야기를 해보겠습니다. 공식적으로 의회에 승인 받은 것은 아니지만 켄터키 주의 상징물은

Bluegrass 초원으로 켄터키 주의 번호판에는 초원이 배경으로 깔려 있는 것이 많습니다.

공식적인 상징물은 2010년도 지정된 honey bee 꿀벌과 Chevrolet Corvette 스포츠카입니다.

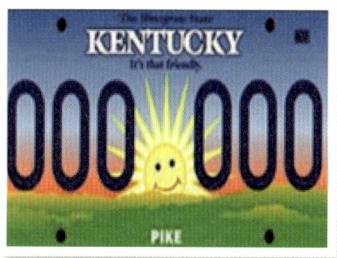

54

License plate 2
자동차 번호판으로 알 수 있는 것

미국 자동차는 각 주마다 상징하는 것에 따라 그리고 사람들의 개성에 따라 번호판이 다양합니다. 아래의 내용을 읽어보면서 어떤 주인지 알아 맞혀 보세요.

1) The last Frontier 마지막 개척지

이 주는 미국의 개척자들이 마지막으로 개척했다고 한 주도 The last frontier를 '자동차 플레이트'에 새겨넣고 다닙니다. 하지만 이 주 다음데 50번째로 개척된 하와이 주가 있어서 실제로는 The last frontier는 아닙니다.

미국은 1867년 3월 30일에 러시아로부터 이 지역을 구입하였습니다. 당시 이 주를 7백 20만 달러(한화로 하면 77억 2천2백만원)를 주고 샀는데 1 에이커 당 2센트 정도에 해당하였습니다. 거저주워 먹은 거지요.

2) The Empire State 제국의 주

이 주는 너무나 많은 볼거리와 먹을거리가 있는 도시지만, 이 주는 엠파이어스테이트 빌딩을 대표적 상징물로 여깁니다. 엠파이어스테이트 빌딩은 1931년에 완공되었는데 당시 세계 최고 높이 약 381m, 102층이었습니다. 지금은 시카고에 있는 윌리스 타워(443m)와 말레이지아의 페트로나스 타워(452m), 중국 상하이의 진마오 빌딩(421m) 등에게 세계 최고 높이라는 타이틀을 양보하였습니다. 그러나 100층 이상의 초고층 건물의 원조라는 자존심은 여전히 유효하기 때문에 이 주에서는 이 빌딩을 자동차 번호판에 새겨 넣은 것입니다. 영화 '시애틀의 잠 못 이루는 밤'과 '킹콩', 러브 어패어'의 배경이 된 곳이기도 합니다.

3) American Spirit 미국의 정신

이 지역은 '보스턴'의 '차사건'과 관련이 있습니다. 잘 아시다시피 미국은 1700년대 경에는 영국의 식민지였습니다. 이 당시 영국은 모든 식민지(미국까지 포함)에 들어오는 인도산 차에 관세를 부과하여, 미국의 찻값이 상당히 비쌌습니다. 그래서 미국에서는 차의 밀무역이 성행하여 밀수업자들이(좋은 말로 상인들^^) 큰돈을 벌기 시작했습니다. 1773년도 영국이 자국 기업(동인도 회사)에 차 수출에 대한 독점권을 부여하여 식민지 상인들이 파산하게 되었습니다. 단순히 식민지 상인이 파산하는 것만 문제가 아니라 이들이 망한 후 유일하게 남는 동인도 회사가 찻값을 조작하여 이 전보다 더 높게 찻값을 받았습니다. 이런 이유로 식민지에서는 반영국 여론이 비등하고 영국산 차에 대한 대대적인 불매운동이 벌어졌습니다. 1773년 12월 16일, 인디언으로 분장한 일단의 미국인들 즉, Sons of Liberty 자유의 아들들이 항구에 정박 중이던 세 척의 동인도회사 소속의 배에 올라가 배에 쌓여 있던 342개의 차 상자를 바다에 던지며 '잔치'를 벌였습니다. 항구에 늘어선 주민들은 박수를 치며 환호하였습니다. 이것이 유명한 '보스턴 차사건'으로, 이를 계기로 영국으로부터의 독립 전쟁의 시발점이 되었습니다. American Spirit 미국의 정신이란 말을 번호판에 넣은 이유가 바로 이런 맥락입니다.

정답
1) Alaska (얼래스커, 알래스카)   2) New York(뉴욕)

3) Massachusetts (매서츄:시츠, 매사추세츠)

55
The Golden State
황금의 주

어제에 이어 아래와 같은 역사를 가진 주는 어디일까요?

19세기 말에 금광이 발견된 후 급속도로 이주자가 늘어 발전한 주로 The Golden State 황금의 주라고 불리웁니다.

1) Gold Rush 황금 돌진

1848년 1월 24일, 한 농부가 새크라멘토 근처에서 gold nuggets 작은 금 덩어리를 몇 개 발견한 후 이 지역에 금덩어리가 많음이 알려지게 되었습니다. 여기에 당시 제임스 폴크 대통령이 이 지역의 금 이야기를 하자 1848년 겨울부터 많은 사람들이 이 지역으로 몰려들었습니다.

2) Forty niners 49년 사람

1849년에는 Gold Rush 골드 러쉬가 절정으로 이르렀는데, 그것은 많은 미국인들이 가족들을 남겨 둔 채 이 지역으로 대거 몰려갔기 때문입니다. 그래서 49년도에 이 지역으로 떠난 이들을 '포티 나이너스 (49)'라고 불렀습니다. 한 가지 더! 이 지역 풋볼 팀인 San Francisco 49ers 샌프란시스코 포리 나이너스라는 팀명도 이와 관련이 있습니다. 한 편이 단어의 유래를 다르게 보는 사람도 있습니다. 그것은 서부개척시대의 많은 사람들이 로키 산맥을 넘다 혹한에 추위와 굶주림에 죽었는데, 이 산맥에서 수 천 명 중 혹한을 이겨내고 버틴 49명이 최초로 금광을 개발하였기 때문이라는 설도 있습니다.

3) Alta California 멕시코 영토

금이 발견된 1848년 1월 24일 당시에는 이 지역이 멕시코의 영토로 '알타 캘리포니아'로 불리웠습니다. 당시 멕시코가 미국과의 전쟁에서 패하며 과달루페 이달고 조약에 의해 '알타 캘리포니아'의 소유권을 미국에 이양하였는데 금이 발견된지 불과 9일 후인 1848년 2월 2일이었습니다. 운이 억세게 좋은 미국입니다.

4) Death Valley 죽음의 계곡

당시 이 지역은 철도가 이어져 있지 않았기 때문에 많은 사람들이 위험을 무릅쓰고 말과 마차를 이용해 18,000마일(3만3천 킬로미터) 이상의 긴 여정의 대륙횡단을 하였습니다. 그 험난한 여정 때문에 죽은 사람들이 많았으며 특히 시에라 네바다 남동편의 사막 계곡에서 많은 사람들이 죽었습니다. 그래서 '포리 나이너'들이 이 지역을 Death Valley 죽음의 계곡으로 부르게 되었습니다.

5) Blue Jean 청바지

금을 캐는 광부들이 힘난한 작업 때문에 옷이 금방 금방 헤지고 찢어지자, Thomas Levis라는 사람이 군대 천막에 푸른 물을 들여 잘 떨어지지 않는 옷을 개발하였습니다. 이것이 오늘날의 흔히 입는 청바지의 시초입니다.

6) Mail Coach 우편 마차

우편마차는 동서 개발에 중요한 연결 수단이었습니다. 우편마차의 이동로 확보와 안전성을 위해 미 연방정부가 인디언과 협상을 하여 우편 마차를 보호하였습니다. 하지만 인디언들이 우편마차와 일반 마차를 구분하기 어려워해 우편마차를 붉은 색으로 칠을 하여 일반 마차와 구별되게 하였습니다. 우체통이 붉은색이 된 동기가 이 지역 때문인 것이지요.

정답

석유 gas
주유기, 기름을 넣다 pump
손잡이 nozzle
우편번호 zip code
비밀번호 pin code

Pump number three, ten dollar
3번 주유기에 10달러 넣을 겁니다.

우리와 다른 미국문화 중 하나가 바로 주유소에서 기름 넣는 방법이에요. 우리나라는 기름을 넣을 때 종업원이 나와 기름을 넣어주지만 여기는 모든 것이 셀프 서비스라 기름 넣을 때 자신이 직접 넣습니다. 직접 넣는것이 낯설고 무척 당황스럽습니다.

저도 처음에 gas station 주유소에 가서 어떻게 할지 몰라 기름 넣는 데만 30분 걸렸어요. 덕분에 많은 거 배웠습니다.

주유소는 gas station 입니다. 기름을 oil이라고 하지만 여기서는 오일의 의미가 석유 이외에 먹는 오일, 예를 들어 sesame oil 참기름, 바르는 오일 등 범위가 넓어요. 그래서 석유를 말할 때는 gas 라고 부릅니다.

편의점(미국 주유소는 거의 다 편의점을 가지고 있습니다)에 가서 종업원에게 기름을 넣겠다고 말할 때는 pump 라는 말을 씁니다. 한국에서 물을 퍼 올릴 때 '펌프질'을 하는 의미와 똑같아요. '펌프'는 '기름 넣다'와 '주유기'라는 두 가지 의미가 있어요. 그래서 Pump number 3, 10 dollar 라는 말은 '3번 주유기에 10달라 기름 넣을 거예요'라는 뜻을 가지고 있습니다. 물론 절대 콩글리시가 아니라 미국식 영어 맞습니다.

이렇게 말하고 난 후 3번 주유소에 가서 손잡이를 잡고 넣으시면 됩니다. 참고로 손잡이는 nozzle 노즐이라 부릅니다. 그리고 가득 넣고 싶을 때는
I wanna fill it up 이라고 말한 후, 기름을 넣고 돈을 주면 됩니다. 하지만, 미국 사람들은 현금보다는 카드로 기름을 넣기 때문에(저희도 물론), 이 방법도 잘 알아야 합니다. 일단 기름 넣는 과정을 간략하게 써보면 아래와 같습니다.

1) 주유기가 가솔린용인지 확인한다.
2) 자동차의 기름 넣는 뚜껑을 연다.
3) 주유기 카드 삽입구에 카드를 넣는다.

4) Pin Code, 비밀번호 또는 Zip Code, 우편번호를 넣은 후 enter 버튼을 누른다.

5) 노즐(손잡이)을 뺀다.

6) 옥탄가 87, 89, 91중 하나를 고른다.

7) 노즐(손잡이)을 잡고 기름을 넣는다.

8) 자동차 기름뚜껑을 닫는다.

9) 영수증을 받는다.

위 과정을 좀 더 자세히 살펴보겠습니다.

1) 주유기가 가솔린용인지 확인한다.

맨 처음 꼭 해야 할 것은 gasoline 주유기를 찾는 겁니다. 잘못 넣으면 차가 바로 고장 나기 때문입니다.

diesel인 경우 '주유 기계'와 '노즐'이 녹색이며, gasoline은 대개 노란색입니다. 하지만 급한 경우에는 색깔이 혼동될 때도 있으니까 꼭 글씨를 확인을 해보고 넣는 것이 좋습니다.

2) 카드를 주유기에 방향에 맞게 집어넣는다.

대개 카드 삽입구의 카드 방향은 마그네틱이 보이는 안쪽입니다.

3) Zip Code 우편번호 또는 Pin Code 비밀번호

숫자를 누른 다음 enter 입력 버튼을 누른다.

Credit Card 신용카드이면 우편 번호를 넣습니다. 우편번호는 카드를 발행한 지역의 번호로 5자리입니다. 참고로 켄터키 주 우편 번호는 42071입니다. Debit Card 체크카드이면 비밀 번호를 넣습니다. 카드 비밀 번호는 한국과 마찬가지로 4자리입니다.

한국 신용 카드는 우편 번호가 6자리이기 때문에 읽지 못합니다. 따라서 그냥 점원에

게 가서, Pump number 3, fill it up 한 후 카드를 주고, 주유기로 돌아와서 기름 넣습니다. 그리고 나중에 다 넣고 카드 돌려받으면 됩니다.

4) '노즐'을 빼어 듭니다.
Remove nozzle then select grade. 손잡이를 뺀 후 옥탄가를 선택하세요.

5) 옥탄가 중 하나를 고른 후 누른다.
옥탄가가 높으면 기름이 좋은 것이요, 낮으면 기름이 나쁜 거라 생각하시면 됩니다. 미국 주유기의 옥탄가는 85, 87, 89, 91, 93 등이 있는데, 85는 시골 주유소에 간혹 있는 것으로 넣으면 자동차에 무리가 간다는 이야기를 많이 들었습니다. 우리는 보통 87을 넣었습니다. 참고로 한국에서는 90이상의 고옥탄가인 기름을 씁니다.

6) 노즐(손잡이)을 구멍에 넣은 후 레버를 당긴다.
간혹 주유소에 따라 lever를 당겨도 기름이 들어가지 않는데, 이때는 노즐 받침대를 위로 올려 주면 됩니다. 한 가지 더! 레버 손잡이 바닥에 보면 걸쇠가 있어서, 걸쇠를 밑으로 눌러놓으면 손을 떼도 주유가 계속됩니다. 물론 탱크가 다 차면 저절로 풀립니다.

7) 자동차 기름뚜껑을 닫는다.

8) 아래와 같은 화면이 나오면 Yes(예스)를 눌러 영수증을 받는다.

Do you want a receipt?

Yes

No

영수증은 반드시 챙겨놓아야 됩니다. 그 이유는 신용카드 승인이 길게는 일주일이 걸려서, 잘못 계산되었을 경우 영수증이 없으면 확인하는데 시간이 오래 걸리기 때문입니다. 복잡한 거 같지만, 한 두 세 번만 해보면 금방 익숙해집니다.

댓글

동욱 우리 셀프주유소와 비슷하네~.
유미 맞아요, 은근 복잡해 보이네요.
명광 말로 해서 그래 한번 해보면 쉬워

57

Left turn yield on green
눈치껏 좌회전해라!

민욱 엄마와 저는 아직도 미국에서 운전하는 것이 낯선데, 그 이유야 여러 가지 있지만, 아래와 같은 신호 체계가 아직까지 익숙하지 않아서인가 봅니다.

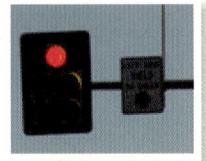

처음엔 한국에서처럼 좌회전 신호가 있을 때만 진행하였습니다. 하지만 뒤에서 뭐라 그러는 것 같고, 가끔 빵빵 소리도 듣고 하여 항상 긴장을 하였습니다.

나중에 알게 된 사실이지만 traffic signal 교통 신호를 잘 보면 가운데에

LEFT TURN YIELD ON GREEN

"좌회전은 녹색 신호에 양보하라"라는 표지판이 있는데 이 신호는 녹색 신호일지라도 전방에 차가 오지 않을 때만 좌회전을 하라는 의미입니다. 즉 한국의 비보호 좌회전의 개념과 유사합니다. 다만 한국에서는 비보호 좌회전의 경우 녹색 신호만 있는 반면 여기에서는 좌회전 신호(화살표)동시에 점등된다는 거지요. 물론 좌회전 신호만 들어올 경우도 있는데 이 때는 맞은편 직진 차량은 건널 수 없습니다. 우회전의 경우는 우회전 만의 신호가 없는데 이는 한국과 동일합니다. 다만 우회전 금지 표지판이 특별히 있을 경우에는 빨간 신호등이 켜졌을 때 절대로 우측으로 갈 수 없다는 점은 한국과 다르지요.

한편 맞은편 차선과 진행 차선 중간에 노란색으로 중간 지대가 있는데, 바닥을 보면 서로 마주보는 좌회전 화살표가 있습니다.

이는 소위 '양방향 좌회전 공유 지대'입니다. 한국의 비무장 지대와 같이 맞은편 차와 내차가 좌회전을 위하여 서로 공유할 수 있는 지대인 것입니다. 처음에는 이 지대

양방향 좌회전 공유지대

에 들어섰을 때 맞은편 차가 정면으로 올까봐 굉장히 무서웠습니다. 그러나 이 지역 사람들이 이야기하기를, 상대편도 역시 이 지역에 진입하는 것을 조심하다보니 정면 충돌 사고는 거의 안 일어난다고 합니다. 참 재미있는 교통 법규이지요.

아래는 미국 교통국(DMV) 운전면허시험 문제(한글판)입니다. 한번 풀어보시지요.

[표지판 퀴즈] "LEFT TURN SIGNAL YIELD ON GREEN"의 의미는?

① 녹색 화살표에서만 좌회전을 해도 된다.
② 녹색 신호등이 켜진 상태에서, 안전할 때에 좌회전을 해도 된다.
③ 좌회전을 하기 전에 완전한 녹색 신호등이 켜질 때까지 기다려야만 한다.

정답 ②

58

Shoulder drop-off?
웬 '어깨 빠짐'?

갓길 shoulder
급경사 drop-off
흠집 scratch

운전을 하다보면 Shoulder drop-off 라는 표지판이 자주 보입니다.

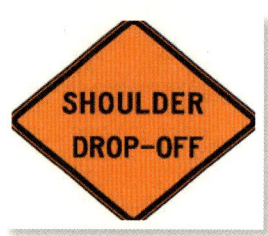

사전에 보면 Shoulder 란 '어깨'란 뜻이며 drop-off 란 '떨어지다, 내려주다'의 의미를 가지고 있습니다. 하지만 이 둘을 합하니 아주 이상한 뜻이 되요. '어깨가 빠지다?', 탈골? 운전 오래하면 어깨 빠지니 좀 쉬라는 뜻?

이 표지판을 처음 볼 때 해석이 오묘해서 아주 당황스러웠습니다. 그런데 이 표지판이 보인 후에 조금 더 운전하면 급경사면이 있거나 갓길에 공사를 하는 인부들이 자주 보이는 거예요. 결국 이 의미를 도로 상황을 통하여 유추해 내었습니다. 즉 '쇼울더'는 우리말의 의미로 '갓길', '드랍 오프'는 '급경사'라는 뜻으로 '갓길'에 떨어질 위험이 있으니 운전 조심하라는 뜻이에요. 그리고 봤더니 우리나라의 '갓길'은 주행길과 거의 높이가 같지만, 여기에서는 '주행길'보다 낮은 갓길이 매우 많습니다.

민욱 엄마와 저는 곳곳에서 자동차가 휘청 거리는 것을 직접 목격했는데 아주 위험하더라고요. 차가 주행길에서 벗어나면 바로 경사진 갓길이어서 바퀴가 빠져 차가 휘청거리기 때문입니다. 제 차도 한번 빠져서 범퍼 밑이 scratch 가 났어요.

59
Reserved parking
예약된 주차

미국에서는 거의 모든 주차장에 reserved parking 이라는 푯말이 붙어 있습니다. reserved란 '예약된'이라는 말로 우리에게는 명사형인 reservation이 더 잘 알려져 있지요. 호텔을 예약할 때 흔히 사용하기 때문에 우리에게 많이 익숙한 단어이지요.

그런데 이것의 과거 분사형인 '리져브드'가 호텔 주차장이 아닌 주차장에서 많이 쓰인다는 점이 이상하지 않아요?

예, 눈치를 채셨겠지만 이 의미는 한국에서 말하는 소위 '장애인 주차장'이라는 뜻입니다.

'장애인 주차장'이라는 말은 우리가 익숙해서 그렇지 이 용어가 장애인들에게는 자칫 불쾌감을 줄 수도 있으며 우리에게도 그릇된 편견을 준다는 사실을 종종 잊어버릴 때가 있어요. 영어로 마찬가지인데, the disabled 라고 직접 표현한다면 상대편에게 불쾌감과 편견을 줄 수 있습니다. 즉 disabled를 분석하면 dis 는 '반대(not)', able 은 '할 수 있다', ed 는 '되어진'의 의미로 '어떤 것을 할 수 없게 된 사람, 할 수 없는 사람'의 뜻을 나타납니다. 하지만 잘 알다시피 장애인은 '어떤 것을 할 수 없는 사람'이 아니라 '어떤 것을 하는데 조금 불편함을 가지고 있는 사람'이라는 뜻이죠. 그래서 영어에서는 '장애인 주차장'을 더 디스에이블드 파킹이라고 표현하기 보다는 리져브드 파킹 이라고 하여 완곡하게 표현한 것이랍니다.

한편 리저브드파킹이 장애인 주차장만을 의미하는 것은 아니에요. 이 말은 회사의 임원이나 직원들을 위한 주차장의 의미로도 사용돼요.

60

Navi 1
미국 '내비'는 상호 이름을 모른다

　오늘부터는 미국에서 내비게이션을 사용하면서 알게 된 것을 이야기해 보겠습니다. 우리 식구가 자동차를 산 후 가장 먼저 했던 것은 내비게이션을 사는 일이었습니다. 처음에 내비게이션을 어디서 사는 건지, 어느 것이 좋은 지 그리고 어떻게 사용하는지를 아무 것도 몰라 많이 당황했습니다. 여기에서는 내비게이션을 아무 마트나 가서 살 수 있습니다. 하지만 사서 직접 업그레이드를 해야만 하는 불편함이 있습니다. 내비게이션은 여러 가지 종류가 있지만 여기 주민들이 말하기를 '싸고 사용하기 편하다'는 '가 모 민 모 내비게이션'(?)을 샀습니다. '업그레이드'는 민욱이가 하였는데 인터넷이 느려 무려 10시간 정도 걸렸습니다. 그리고 차에 간신히 장착은 하였지만, 도무지 사용 방법을 잘 몰라, 한 나흘 동안 씨름을 하였습니다. 남들은 잘만 한다는 데, 저는 기계치라……. (더욱이 여기 미국 주소 시스템을 잘 몰라서 더 고생하였습니다).

　미국에서 어떤 곳을 찾아가려고 할 때 중요하는 것은 그곳의 '가게나 회사 명칭'이 아닙니다. 내비를 아무리 쳐도 '가게 이름이나 회사 명칭'이 안 나옵니다. 예를 들어 '클락스빌'이라는 동네에 있는 'OO 상회'를 찾으려고 한다면, 'OO 상회'라는 '이름'을 치는 것이 아니라 이 가게가 위치해 있는 '주소'를 적어야 된다는 것입니다. 한국에서는 OO 참치 횟집을 찾아 갈 때 차에 가서 OO 참치 횟집을 '내비게이션'에 그냥 입력 하면 되지만, 여기서는 그러면 못 찾습니다. 가고 싶은 곳이 있으면 차에 가서 네비를 입력하는 것이 아니라, 먼저 컴퓨터 앞에 가거나 핸드폰으로, 가고자 하는 곳의 '주소'를 먼저 찾아야 합니다. 그런 후 '내비게이션'에게 공손히 말씀(?)드려야 합니다. 한편 어떻게 컴퓨터에서 '가게 또는 회사 명칭'을 찾는 것이 좋은가 하는 의문이 들 겁니다. 여러 가지 방법이 있겠지만, 저희는 '구글 지도'에 해당 '지역 이름'과 '상호명'을 입력한 후 해당 주소를 찾는 방법을 주로 합니다. 참고로 내비게이션을 미국인에게 말을 해도 알아듣지만, 보통 GPS 또는 GPS navigator 라고 말을 합니다.

Navi 2
미국 내비게이션을 한국 내비게이션으로 만들기

내비게이션을 처음 샀을 때, 모든 메뉴는 영어로 설정되어 있었답니다.

(화면 1)

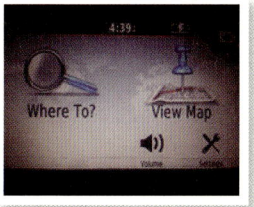

| 목적지 | 지도 보기 |
| 음량 | 설정 |

그런데 이 내비를 잘 보니까 한국어로 바꿀 수도 있더라고요. 우리 집 식구들이 정감 있는 한국말을 듣고 싶어 해서(특히 민욱 엄마가 한국어를 사랑하여 ㅋㅋ) 바꾸었습니다. 바꾼 과정을 간략히 소개하면 아래와 같습니다.

(화면 1)에서 Settings 환경설정을 누른다.

그러면 아래와 같은 말이 나온다.

(화면 2)

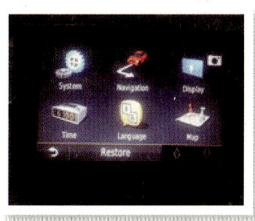

시스템	내비게이션	화면
시간	언어	지도
	복원	

(화면 2)에서 Language 언어를 선택하면,

(화면 3)

(화면 3)과 같이 음성 언어, 문자 언어를 어떤 언어로 선택할 거냐 하는 메뉴가 나옵니다.

여기서 우선 Voice Language 음성 언어를 누르면, (화면 4)처럼 각 나라 언어가 나오는데, 이 중 Korean 한국어를 선택하면 됩니다.

(화면 4)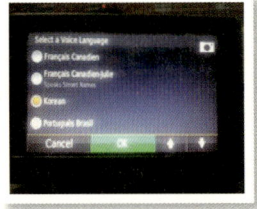

그리고 OK를 누르면 (화면 5)처럼 되며, 여기서 Text Language 문자 언어를 눌러 (화면 6)을 나오게 하면 됩니다.

(화면 5)    (화면 6)

역시 (화면 6)에서 한국어를 누르시면 되며, 완료가 되면 구수한 한국말이 나옵니다. 끝!

지금 우리 차에서는 한국어 문자와 예쁜 한국어 음성이 나옵니다. 우리가 미국내비에게 한국어를 잘 가르쳐서인지 한국어 곧잘 합니다.^^! 하지만 한 가지 단점은 그 미국 내비, 존댓말을 아직 못 배웠다는 겁니다. "좌회전 하세요."가 아니라, "좌회전!", "10 마일 앞에서 고속도로 밖으로 나가세요."가 아니라 10마일 앞 옆으로!"와

같이 말이에요. 또한 이 내비 성격, 굉장히 cynical 해요. 예를 들면 도로에서 내비게이션이 아래와 같이 말하는 데,

"가능할 때 유턴"

이 말 뜻은 "유턴 할 수 있는 곳에서 알아서 유턴하라"는 뜻이에요. 이 소리가 마치 "눈치 보고 알아서 유턴해. 어디서 유턴하는지 묻지 마. 귀찮아"라고 하는 거 같아요. ㅋㅋ 굉장히 씨니컬하죠? 남자는 3명의 여자 말만 잘 들으면 편하다고 하잖아요. 마누라 말, 어머니 말씀, 그리고 내비게이션! 하지만, 제가 이 미국 여자 내비게이션 말을 꼭 들어야 할지는....ㅋㅋ

* 참고 : (화면 3)에 있는 Michelle 이란 이름은 미국에서 흔한 여자 이름 중 하나입니다. 프랑스어에서 유래한 것으로 주로 성격이 활달한 여자 아이에게 붙이는 이름입니다. 아마도 이 내비 영어 버전의 말소리가 명랑하기 때문에 American English 미국 영어 옆에 그 이름을 붙인 거 같습니다. 아님 이 목소리의 주인공이 실제로 미셸이든지.ㅋㅋ

 동욱 네비 양이 한국어로 존댓말 하지 않음 어때? 할 줄 안다는 것이 대단하구만! ㅋㅋ 대단한 기능이야
명광 반말 내비래서요. 가격은 저렴하고 기능도 적지만 잘 터지고 정확하게 잘 가르쳐줘서 좋아요~

62
Address
미국 주소에는 '도, 시, 구, 동'이란 말이 없다

'내비게이션'을 사용하려면 '주소'가 매우 중요한데, 문제는 우리나라처럼 지역 이름에 '도, 시, 구, 읍'과 같은 말이 붙어 나오는 것이 아니라, 위치에 따라 그 순서가 상대적으로 정해진다는 것이지요. 즉 우리말에서는 '서울시 노원구 중계동'과 같이 해당 지역 뒤에 '시, 구, 동'이 붙지만, 여기서는 '서울, 노원, 중계'와 같이 쓴다는 거예요. 그래서 주소에서 순서의 개념이 매우 중요합니다. 미국의 주소 순서는 좁은 지역으로부터 넓은 지역 순으로 되어 있습니다. 우리 집을 예로 들면 아래와 같습니다.

① 우편 번호(zip code) : 42071
② 국가(nation) : United State
③ 주(state) : KY(Kentucky)
④ 도시(city, town) : Murray
⑤ 도로(street) : Waldrop DR.
⑥ 번지((number) : 914

각 항목에 대해 좀더 구체적으로 알아보면 다음과 같습니다.

1) 우편 번호

2) 국가

미국에 있으면, 국가 'United State'는 보통 생략합니다. 또한 우리나라에서는 우편 번호는 편지를 보낼 때나 사용되지만, 미국에서는 훨씬 넓게 사용되어, 외워두는 것이 여러모로 좋습니다. 예컨대, 기름을 넣을 때나 물건을 살 때, 신용카드를 낸 후 꼭 주유기나 점원이 우편 번호를 확인하는데, 이는 우리나라와 다른 경우이지요. (우편번호를 통해 카드 추적이 가능하대요)

3) 주

주는 전체 스펠링을 쓰는 것이 아니라, 약자로 보통 씁니다. 즉 Kentucky가 아니라 KY식으로 쓰는 것이지요. 참고로 미국 주의 약자를 써 보면 아래와 같습니다.

AK 알래스카 주	MT 몬태나 주	AL 앨라배마 주
NC 노스캐롤라이나주	AR 아칸소 주	ND 노스다코타 주
AZ 애리조나주	NE 네브래스카 주	CA 캘리포니아주
NH 뉴햄프셔 주	CO 콜로라도 주	NJ 뉴저지 주
CT 코네티컷 주	NM 뉴멕시코 주	DE 델라웨어 주
NV 네바다 주	FL 플로리다 주	NY 뉴욕 주
GA 조지아 주	OH 오하이오 주	HI 하와이 주
OK 오클라호마 주	IA 아이오와 주	OR 오리건 주
ID 아이다호 주	PA 펜실베이니아 주	IL 일리노이주
RI 로드아일랜드주	IN 인디애나 주	SC 사우스캐롤라이나주
KS 캔자스주	SD 사우스다코타 주	KY 켄터키 주
TN 테네시 주	LA 루이지애나 주	TX 텍사스 주
MA 매사추세츠 주	UT 유타 주	MD 메릴랜드주
VA 버지니아 주	ME 메인 주	VT 버몬트 주
MI 미시간 주	WA 워싱턴 주	MN 미네소타 주
WI 위스콘신 주	MO 미주리 주	WV 웨스트버지니아 주
MS 미시시피	WY 와이오밍 주	

4) 도시

도시의 개념은 우리와 많이 다릅니다. 크게는 2,000만명이 넘는 뉴욕을 city라고 부르기도 하지만, 2만이 조금 넘는 '머레이'도 씨티라고 부르기도 하기 때문입니다.

우리는 '서울시 〉노원구 〉중계동'과 같이 규모에 따라 '시, 구, 동'(또는 '군, 읍, 리')과 같이 나누지만, 여기서는 각 주에 따라 기준이 다르기 때문에, 행정구역은 상대적 개념에 해당합니다. 또한 city와 town도 상대적인 개념으로 state 간 편차가 큽니다. 더 나아가 미국의 주소 체계 안에서는 city와 동급으로 town이 설정되어 있는데, 우리나라로 따지자면 '시, 구, 동, 군, 읍, 리'가 모두 '시'와 동급으로 다루어진다는 것입니다. 이것이 가능한 이유가 미국에서는 같은 이름을 가진 시나 마을은 굉장히 많지만, state 내에서 같은 이름을 가진 시나 마을은 없기 때문입니다. 한편 몇 개의 시나 마을을 묶어 county라 부르는데, 이것은 행정 구역 용어이기는 하나, 주소를 나타내는 데는 사용되지 않습니다. 우리나라 '학군'의 개념과 비슷하다고 할까요.

5) 도로

미국은 아무리 작은 도로라도 고유한 이름이 있습니다. 우리 집 앞의 도로는 대학 내에 있는 아주 작은 도로이지만 'Waldrop'이라는 이름을 가지고 있습니다. 더불어 '월드랍' 뒤에는 DR이라는 말이 붙어 있는 데 DR 말고도 도로 명에 St, Av, Blvd 등과 같은 다양한 꼬리표가 있어요. 그 꼬리표만 잘 알면 도로의 상황을 알 수 있답니다.

이 중 몇 가지를 살펴보면 아래와 같습니다.

- Street(St.) : OO대로(도심의 큰 도로).
  대개 '1st Street', '2nd Street'처럼 번호가 붙어 있음
- Avenue(Av.) : O번가
- Bloulevard(Blvd.) : 가로수길
- CIRCLE(CIR.) : 원교차로
- Lane(Ln.) : 주택가 좁은 도로
- Court(Ct.) : 주택가 막다른 골목
- Road(Rd.) : 변두리 도로 또는 시외 도로
- Drive(Dr.) : 경치 좋은 도로
- Parkway(Pkwy.) : 공원 도로, 조경 도로
- Expressway(Epwy.) : 고속도로
※ 자세한 도로 명 : http://www.semaphorecorp.com/cgi/abbrev.html

더불어 도로 앞에 E, W, S, N와 같은 글자가 붙어 있는 경우가 있는데, 이 글자는 동(East), 서(West), 남(South), 북(North)의 약자입니다.

6) 번지

번지 수는 도로를 따라 가면서 한 건물에 하나씩 부여된 고유 번호입니다. 만약 도로 오른편에 홀수 번지가 있으면 왼편에 짝수 번지가 있습니다.

명철 한국도 도로 명 주소 쓰고 있지만 도대체 어느 위치에 있는지 알 수가 없어…!
명광 여기는 주소가 한국에 비해 정리가 잘 되어 있어요. 그도 그럴 것이 땅이 넓잖아요. 한국은 좁고 작은 골목에 많은 사람들이 살기 때문에 주소를 쉽게 만들기 어려운 거 같아요.

63
2018 College Farm Rd, Murray, KY42071
내비 주소는 주소 입력 순서가 달라요

며칠 전 민욱이가 머레이 카운티 고등학교에 로봇 클럽 활동에 갔습니다. 이 고등학교는 집과 거리가 멀기 때문에, 착한 제가 픽업을 하러 머레이 카운티 고등학교에 갔습니다. ㅋㅋ 민욱이가 학교 이름을 텍스트로 보내 주자, 제가 제일 먼저 했던 일은 이 학교의 주소를 찾는 일이었습니다.

* Murray County High School

그리고는 아래와 같이 주소를 입력했습니다.

→ 2018, College Farm Road, Murray, KY 42071, United States
　①번지　　②도로명　　③도시　④주　⑤우편번호　⑥국가

그런데 이 주소 순서대로 내비에 치면 가뜩이나 무뚝뚝한 내비 그냥 말을 안 해버려요. 보통 내비게이션을 켜면 (화면 1)과 같이 "목적지-지도보기"가 나오고, "목적지"를 누르면, 아래와 같은 (화면 2)가 보입니다. 여기서 처음 가는 길은 '주소'를 치면 됩니다. 그러면 (화면 3)이 나옵니다. 이 화면에서 해야 할 일은 '시/도/국가'를 먼저 입력해야만 한다는 거죠. 다만 국가는 이 내비에 초기화가 되어 있기 때문에, 주만(여기서는 Kentucky주) 입력하면 됩니다 (화면 4). 그러면 다시 (화면 5)가 나옵니다. 다음에 '도시'를 입력하면(여기서는 Murray) (화면 6,7) '번지'를 입력하라는 말이 나오지요. '2018'이라는 '번지'를 입력하면(화면 8), 다음엔 내비가 도로를 입력하래요 (화면 9). 여기에 College Farm Road를 입력하면(화면 10), 모든 것이 잘 되었다고 첫 화면으로 이동합니다. 보기에는 그게 그거인 것 같지만 실은 일반 주소 순서와 내비 입력 순서가 아래와 같이 다르답니다.

1) 주소 순서 : ① 번지, ② 도로명, ③ 도시 ④ 주 ⑤ 우편번호 ⑥ 국가
2) 내비 순서 : ④ 주 ③ 도시 ① 번지 ② 도로명

처음에는 혼동되어 잘못 눌렀더니 내비가 화를 내더라고요. 끝내는 말을 안 합니다. 미국 내비 대단하죠. ㅋㅋ

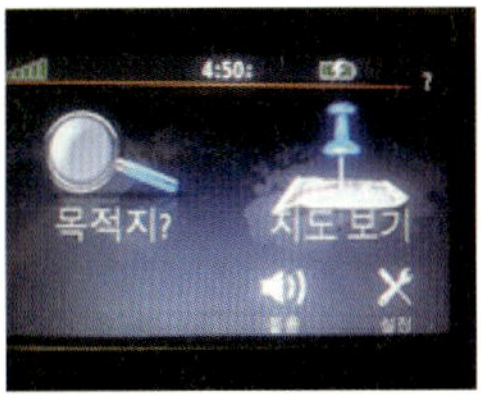

(화면 1)

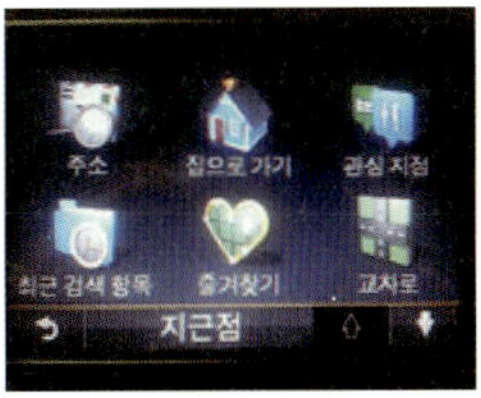

(화면 2)

(화면 3)

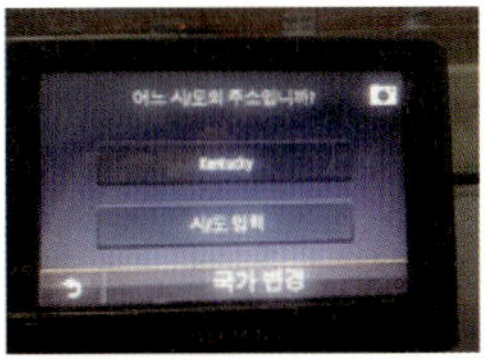

(화면 4)

(화면 5)

(화면 6)

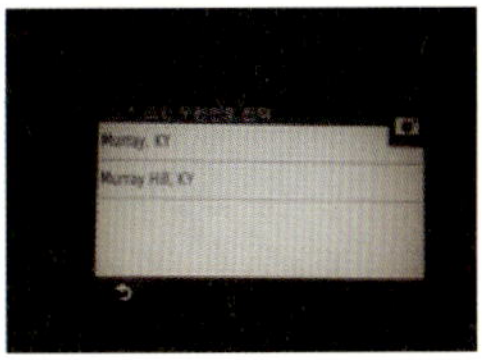

(화면 7)

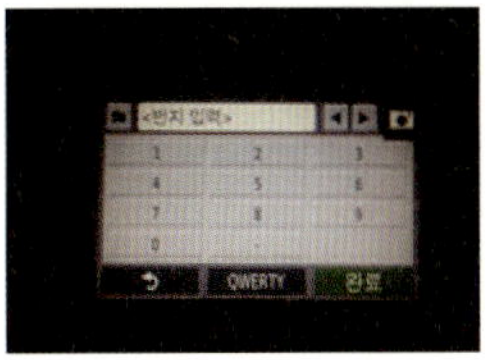

(화면 8)

(화면 9)

(화면 10)

 유미 한국 사람한테는 한국 내비가 최고인 거 같아요.~~ㅋㅋ

Car repair
자동차 정비 이야기

자동차계기판 dashboard
경고등 warning light
타이어공기압 air pressure of tire
공기압측정기 pressure gauge
타이어에 바람을 넣어주세요
please inflate tires
pump up a tire

지난 번에 dashboard에 warning light가 들어왔습니다. 무슨 경고등인지 몰라서 급한 대로 월마트 타이어 점이 있어서 가서 직원에게 물어보았더니,

> The dashboard of warning light is on. 계기판 경고등에 불이 들어왔어요.
> What is the meaning of this? 이게 무슨 의미인가요?

air pressure of tire가 낮아서 그렇다고 하더라고요. 원인은 여러 가지가 있지만 겨울철에는 공기가 수축하므로 타이어 바람이 빠질 수 있다고 말해주었습니다. (나중에 알게 되었지만 이 경고등은 Tire Pressure Monitoring System(TPMS) 타이어 압력 모니터 시스템이더라고요.

그래서 아래와 같이 표현하여 타이어 바람을 넣어 달라고 하였습니다.

Please inflate tires

이 이외 "타이어에 바람을 넣다"로 쓸 수 있는 표현에 Pump up a tire 와 같이 pump를 쓸 수 있습니다. 지난 번 기름을 넣을 때 pump를 쓴다고 말했던 것 기억나시는지요. 차에 무언가 집어넣을 때는 pump를 많이 쓰는데 여기서 바람을 넣을 때도 이 말을 자주 씁니다. 참고로 미국에서는 차 안에 pressure gauge 를 보통 가지고 다닙니다.

미국이라는 나라가 땅덩이가 워낙 넓기 때문에 자동차 타이어에 이상이 생기면 고치는 데 애로가 많아 자동차에 수리 공구를 두고 다니는 경우가 많습니다. 공기압 측정기는 공기압을 재는 기능뿐만 아니라 공기를 넣을 수 있는 기능도 함께 있습니다. 혹시 자가 측정기가 없다면 미국 주유소에 대개 비치되어 있는 air pump 를 활용해 급한 대로 바람을 넣을 수 있습니다.

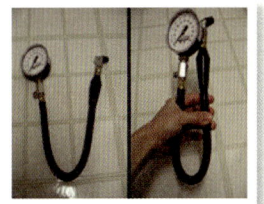

〈공기압 측정기〉

I put air in / I get a flat tire 도 "타이어에 바람을 넣다"의 의미를 담고 있습니다.

다시 돌아와서 직원이 이 말을 듣고 바람을 순순히 넣어주었지만 경고등이 안 꺼지는 거예요. 그래서 재차 말했더니 고개를 갸웃거리며 다시 한 번 바람을 넣었는데도 경고등이 안 꺼지는 거예요. 재차 말하자 자기는 최대한 바람을 넣었기 때문에 더 이상 넣을 수가 없다고 하더라고요. 결국 자동차 정비소에 들르기로 하고 월마트에서 나왔습니다. 하지만 월마트에서 아무

〈주유소 Air pump〉

런 소득 없이 나온 것은 아니에요. 미국에서도 자동차 바람을 공짜로 넣어 준다는 아주 큰 소득을 얻었기 때문이지요.

다음에 자동차 정비소를 홈페이지에서 찾아서 갔습니다. 자동차 정비소를 영어로는 Car repair shop 또는 Car garage라고 하는데, 제 차 정비소를 인터넷에서 찾으니까 다행히 동네에 본점이 있더라고요. 바로 가서 이런 상황을 이야기 했습니다. 그러자 이것저것 만지더니 불이 꺼지더라고요. 이참에 지난 번 움푹 파인 갓길로 인해 범퍼 수리와 함께, 긁힌 부분을 페인트 부탁을 했더니, 범퍼는 갈아줄 수 있지만 긁힌 부분은 자기네가 수리를 할 수 없다고 하더라고요. 오잉! 그러면 어디서 수리를 합니까? 라고 물었더니, 그 사람 왈 body shop에 가보라고 하더라고요.

Where can I fix it?
You can go to body shop.

　　body shop은 목욕 용품 파는 곳이 아닌가? 내참. 나중에 알고 봤더니 이 사람, 농담을 한 것이 아니라 진짜더라고요. 자동차 도색이나 긁힌 부분 또는 흠집과 같은 외장 수리는 Car body shop에서 하며, 엔진과 같은 하드웨어를 수리하는 곳은 Car repair shop에서 하더라고요. 그리고 봤더니, 도로 근처에 이 두 shop이 나누어져 있는 걸 새삼 깨닫게 되었습니다.
　　그런데 요즘 미국에서는 'Body Shop'의 기능과 Auto repair shop의 기능을 합해 놓은 대형 프랜차이즈 shop, 일명 Pep Boys가 유행한다고 하는 데, 아직 머레이에서는 이 Pep Boys 점을 보지 못했습니다.
　　머레이가 깡촌이긴 깡촌인가봐요. ㅎㅎ

65

Tire rotation
타이어 교체하기

플로리다 여행을 떠나기 한 3주 전에 자동차 계기판에 또 표시등이 들어왔습니다.

MAINT REQD라는 말인데 인터넷에 보니 Maintenance Required 라는 말의 약자라고 하더라구요.

* Maintenance 보수/점검/수리/유지 Required 요구됨

그렇지만 정확히 어디를 손봐야 될지 몰라, 가까운 지인에게 아래와 같이 물어보았더니,

The dash light came on today saying Maintenance Required. What can I check?

오늘 점검 필요라는 경고등이 계기판에 들어왔는데, 무얼 체크하라는 말이에요?

* dash light 계기판, come on 불이 들어오다

그랬더니 이 표시는 엔진 오일을 갈라는 뜻이라고 하더라고요. 하지만 바로 엔진 오일을 갈지는 않았습니다. 그 이유는 플로리다 여행 가기 직전에 Car repair shop(카 리페어 샵, 정비소)에 가서 전체적인 점검도 함께 받기 위해서였습니다. 지난 번 시카고를 갈 때에도 가기 직전에 차량 점검을 받았는데, 정비소에서 차량을 전체적으로 점검

을 해주고, 더 나아가 리콜 내역을 무상으로 고쳐주었던 기억이 있었기 때문입니다.

드디어 플로리다 여행 일주일을 남겨놓고 정비소에 예약을 하고 난 후 차량 점검을 받으러 갔습니다.

> I wanna check my car in general
> 차를 전체적으로 점검 받고 싶습니다.
> and change engine oil
> 그리고 엔진 오일도 갈고 싶어요.
> because the dash light of maintenance Required came on.
> 왜냐하면 점검 표시등이 들어와서요.
> In addition, I will be very thankful for you to check tires.
> 또 타이어도 점검해주시면 아주 감사 ㅋㅋ

그러자 그 점원이 다음과 같은 이야기를 하였습니다.

> Do you need tire rotation too?

으잉 이 말이 무슨 뜻이지? rotation은 회전이라는 말인데 타이어를 어떻게 회전시키지? 그래서 아래와 같이 순진무구하게 물었더니,

> What does "tire rotation" mean? 타이어 로테이션이 뭐예요?

그 점원 내가 외국인이라는 것을 감안했는지, 열심히 아래와 같이 설명해 주더라고요.

> Tire rotation is to change the rear tires to the front, and the front tires to the rear to ensure even tire wear.

타이어 로테이션은 뒤에 있는 타이어를 앞 타이어와 바꾸고 앞에 있는 타이어를 뒤로 바꾸는 것이에요. 고른 타이어 닳음을 유지하기 위해서 말이에요.

rear tires : 뒤 타이어(들)
front tires : 앞 타이어(들)
ensure : 보장하다/유지하다
even : 고른
wear : 닳다

음, 앞 타이어와 뒤 타이어를 교체하는 것, 곧 bald tire 많이 닳은 타이어를 뒤로 옮기어 타이어를 고르게 닳게 하는 것을 rotation 타이어 순화 교체라 설명해 주었습니다. 또 하나 확실히 배웠습니다. 그래서 제가 다음과 같이 물었지요. ㅋㅋ

> How much does it cost? 얼마 들어요?

그러자 그 종업원 $20 든다고 하더라고요. 음! 비싸다는 생각이 들고, 산 지 얼마 안 되었는데 벌써 순환 교체를 해야 되나 해서 다음과 같이 정비사에게 말하였습니다.

> If you think that the tire rotation of my car need, you can rotate tires.
> 당신이 생각하기에 교체가 필요하면 타이어를 교체하시지요.

이 말을 달리 해석하면 "교체가 필요하지 않으면 교체하지 마세요."라는 뜻도 되잖아요. 즉 점검 해 본 후 판단하여 갈지 말지를 결정하라는 뜻으로 말을 한 거예요.

차량 점검 중간에 쉬고 있던 저와 민욱 엄마에게 그 정비사가 와서, 몇 가지를 묻더라고요. 타이어 교체는 하지 않아도 될 것 같지만, Oil을 갈 때 엔진 오일 필터 그리고 에어 필터 교체가 필요하다는 거예요. 그래서 전체 얼마냐고 물었더니 100달러가 넘게 부르더라고요. 비싸다는 생각이 들어서,

> Could you give me a discount? 깎아주세요.

라고 했더니, 그 종업원 잠시 머뭇거리다 깎아주겠다고 하더라고요. 그래서 겨우 100달러 안쪽으로 수리와 점검을 다 마쳤습니다. 물론 월마트가서 오일 교체하면 이

보다 훨씬 싸지만, 2,000마일 넘게 달려야 하는 플로리다 여행을 생각하면, 이 수리비용이 그리 아깝지는 않았습니다. 이 덕분에 무사히 플로리다 여행을 다녀왔으니까요.

타이어가 펑크 나다.
The tire has been flatten.
I had a flat tire.
The tire went flat.
The tire has been punctured.

펑크 난 타이어를 때우다.
Patch the flat tire.

66

Car accessories 1
자동차용품 용어 1

자동차 점검을 하기 위해서 자동차 용어를 알아보았습니다. 그런데 우리가 알고 있는 자동차 영어 중 많은 것들이 콩글리시인 경우가 있으며, 반면에 '콩글리시'이겠거니 하는 말이 미국인에게 꽤 잘 통하는 레알 영어(?)인 경우도 있습니다.

콩글리시	미국식 영어
① 백미러 또는 룸밀러	rear view mirror
② 와이퍼	windscreen wiper / windshield wiper
③ 핸들	steering wheel
④ 오토 / 스틱	Automatic transmission / Manual transmission
⑤ 본네트	hood
⑥ 씨트	bucket seat
⑦ 오픈카	convertible car
⑧ 악셀	accelerator/gas pedal
⑨ 에어컨	air conditioning
⑩ 클락션	horn

'백미러'를 미국식으로는 '리어 뷰 미러'라고 하는데 '리어'는 '뒤'라는 의미를 뜻합니다. 어제 자동차 뒷바퀴를 'rear tire'라고 했던 것을 기억하시면 이해하는 데 훨씬 쉽

습니다. 자동차와 관련하여서는 '뒤'라는 의미는 back이라는 말보다는 보통 rear 라는 말을 많이 사용합니다.

'와이퍼'는 '윈드스크린' 또는 '윈드쉴드'를 '와이퍼'에 앞서 말해야 됩니다. '윈드스크린, 윈드 쉴드'는 '창문 보호'라는 의미를 가지고 있습니다.

'핸들'은 '스티어링 휠'이라고 합니다. '스티어링'이라는 말은 '조정, 항해'라는 뜻이며, '휠'은 '바퀴 또는 바퀴와 같은 원형 물건'을 지칭합니다. 그래서 big wheel 큰 바퀴 유람차라는 놀이 기구도 둥근 바퀴 모양이기 때문에 wheel이라는 말을 사용합니다.

'오토 자동차'할 때 '오토'는 '오토매틱 미션'이라고 하여야 합니다. '미션'은 일본식 발음으로 흔히 '미숑'이라고 하는데, 잘 알다시피 '미션'은 '변속기'를 뜻하지요. 그런데 '오토'는 상황에 따라 미국 사람들이 '자동변속기'라고 이해하기도 합니다. 하지만 수동변속기를 우리는 '스틱'이라고 하지만 이는 콩글리시입니다. 영어로는 'Manual mission' 또는 'Manual'입니다.

그런데 이상하다! '매뉴얼' 그러면 '핸드북 또는 설명서'라는 말인데! 매뉴얼의 원래 의미는 '손을 쓰는 것과 관련된'이며 '손에 들고 다니면서 보는 설명서(핸드북)'로 그 의미가 확대된 거예요. 그래서 '매뉴얼 미션'은 '손으로 기어를 움직이어 조작하는 자동차'를 뜻하게 된 거지요.

한편 자동차 안에 있는 변속기 자체를 지칭할 때 '자동 변속기'의 경우 gearshift, 수동 변속기의 경우 stick shift 라고 부릅니다.

'본네트'는 완전히 '콩글리시'는 아닙니다. 영국 영어에서는 '본네트'라는 말을 사용하니까요. 하지만 발음은 '본네트'가 아니라 '바넡'또는 '보닛'이라고 합니다. 반면에 미국에서는 '바넡'이라는 말보다는 'hood'를 더 많이 사용합니다.

운전자석이나 조수석은 영어에서는 '버킽 씰'이라고 합니다. '버킽'의 원래의 의미는 '바구니'이지요.

'오픈카'는 '컨버터블 카'라고 하는데 '컨버터블'의 의미는 '다른 용도로 전환이 가능한'입니다. 잘 생각해 보면 '오픈카'가 항상 뚜껑이 없는 상태로 있는 것은 아니지요. 즉 비가 오면 뚜껑을 닫아야 하니까. 즉 '열었다 닫았다'와 같이 서로 전환이 가능하기 때문에 '컨버터블 카'라 부르는 것은 어찌 보면 당연합니다.

'엑셀'은 '엑셀러레이터'라는 원래 발음을 다 해주어야만 이해 가능한 영어입니다. 아울러 '엑셀러레이터'보다는 'gas pedal'또는 'pedal'이라는 말을 더 자주 사용합니다. '에어컨'도 'air conditioning'이라고 하여 줄이지 않은 단어를 사용해야 미국인이 알아듣습니다. '클락션'은 특정 회사를 지칭하는 이름으로 일반적인 의미의 '경적'으로 사용되지 않습니다. 대신 '호r은(호른)'이라 해야 맞는 말입니다. 휴!

다음에 콩글리시인 것 같지만 혀만 조금 굴리면 미국 사람들이 알아듣는 영어에는 아래와 같은 것들이 있어요.

싸이드 미러(side mirror)	스페어 타이어(spare tire)
트렁크(trunk)	안테나(antenna)
머플러(muffler)	헤드라이트(Headlight)
오일(oil)	도어락(Door lock)
씨거 잭(cigar jack)	클러치(clutch)
브레이크(brake)	썬 루프(sun roof)
히터(heater)	범퍼(bumper)

위에서 '싸이드 미러'는 wing mirror 날개 거울이라고도 말을 하며, '스페어 타이어'는 spare wheel, '트렁크'는 boot, 그리고 '안테나'는 aerial 이라고도 말을 합니다. '머플러'도 미국인이 알아듣는 영어입니다. 다만 '머플러'를 일본식 영어 '마후라'로 발음하면 알아듣지 못합니다. 이 '머플러'는 exhaust pipe 배기 파이프 또는 Tailpipe 꼬리 파이프라는 말도 함께 사용합니다. 또한 한국에서 headlight를 발음할 때 '헤드라이트'라고 하여 일본식으로 발음하는데 원래 발음은 '해들라잍'입니다. 한편 '오일'은 Lube 라고도 합니다. 미국에서는 '오일'만 주로 취급하는 가게가 많으며, 대개 입간판에 Lube 라고 쓰여 있습니다.

Car accessories 2
자동차용품 용어 2

자동차를 운전할 때 자주 사용하지만 영어로 익숙지 않은 말들이 있는데 아래가 그 것입니다. 그림을 보시면 이해가 쉬울 거예요.^^!

주유구 : petrol cap / gas tank door
연료계 : fuel / petrol /gas guage
발판 : mat

  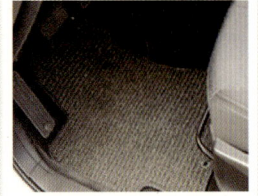

운전 보조석 사물함 : glove box / glove compartment
팔걸이 : armrest
손잡이 : door handle

앞유리 : windshield / windscreen
머리받이 : headrest
햇빛가리개(차양) : visor

송풍구 : Vent

깜빡이 : blinker / Turn signal
깜빡이 레버(방향 지시 레버) : turn signal lever
번호판 : number plate / license plate
연료 탱크 : fuel tank
조수석 : passenger seat
안전벨트 : seatbelt / safety belt
온도계 : Temperature gauge
속도계 : Speedometer
주행 거리계 : Odometer
점화 스위치 : Ignition
미등 : taillight
후진등 : Reversing light
경고등 : hazard light / warning light

이 중 몇 가지만 이야기해 볼게요.

1) '페트롤 캡'과 '퍼트로올 캡'

petrol cap 에서 '페트롤'은 '석유'라는 뜻이며, '캡'은 '뚜껑'을 의미합니다. '석유'라는 말을 할 때 미국 사람들은 '페트롤' 이외에도 gas, oil 등 다양하게 사용하며, '기름'에 한정할 경우 fuel 이라는 말도 자주 사용합니다.

petrol과 관련하여 재미있는 것은 이와 비슷한 철자를 가진 patrol이 있는데, 이 둘을 한국 사람들이 많이 혼동한다는 것입니다.

'님'하나에 점을 찍으면 '남'이 되는 것과 같이, Petrol의 'e'가 'a'로 바뀌면, 뜻이 매우 달라집니다. 곧 'a'가 쓰인 'patrol'은 '순찰하다'의 의미이며 '퍼트로올'이라고 하여 '페트롤'과 다릅니다.

그런데 이 둘이 비슷한 단어 환경에 쓰이는 경우가 많습니다.

예컨대 patrol car와 petrol car, patrol cap 과 petrol cap 이 그 예입니다. 하지만 이 둘의 뜻은 천양지차로 다릅니다. 곧 patrol car[퍼트로올 카] 라 하면 '순찰차'이지만, petrol car[패트롤 카] 하면 '석유 탱크 차'가 됩니다. 또 patrol cap[퍼트로올 캡] 하면 '군인 모자(전투모)'이지만, petrol cap[페트롤 캡] 하면 '차 주유구'가 됩니다.

한편 '캡'은 우리나라에서는 '챙 달린 모자'라는 좁은 의미로 쓰이지만, 영어에서는 '뚜껑이 있는 덮개'라는 의미로 넓게 사용됩니다. 모자의 cap 은 '머리, 꼭대기, 끝'의 의미를 담고 있습니다. 그래서 captain 하면 '머리에 해당하는 사람(선장, 육군대위)'을 뜻하며, capital 하면 '한 나라의 머리(으뜸)에 해당하는 수도', cape 하면 '머리처럼 튀어나온 지형(곶)'의 뜻을 나타냅니다.

다음에 '캡'이 '뚜껑'이라는 의미로 쓰이는 경우, toothpaste cap 치약 뚜껑, pen cap 펜 뚜껑, bottle cap 병뚜껑 등 좁은 입구의 덮개로 쓰이는 사물에 '캡'을 붙일 수 있습니다.

그런데 오늘 식사 도중에 오늘 민욱 엄마와 민욱이와 이야기하다가 '캡'이라는 말이 나왔어요.

사연인즉, 민욱 엄마가 제가 살찔까 봐 '내일 고기를 먹지 말고 교집합(민욱엄마와 나 사이의 아들-민욱이 ㅋㅋ)은 고기를 먹어도 된다'고 말을 하였던 것이 발단이 되었습니다. 갑자기 수학에서 말하는 교집합이 뭐지라는 생각이 들었습니다. 그래서 사전을 찾아보니 '교집합'은 영어로 intersection 이라고 하기도 하고 cap 이라고도 하더라고요. 기호로 ∩(컵을 거꾸로 세운 형태)이기 때문에 꼭 뚜껑(캡)을 닮았기 때문이지요. 반대로 합집합은 union 또는 cup 이라고 합니다. 기호로 U모양으로 이 모양이 컵 모양을 닮았기 때문입니다. 참고로 '공집합'은 empty set 이라고 하기도 하며 그냥 nothing 이라고 하기도 합니다. '낱씽'은 사전에도 나와 있지 않은 말로, 민욱이가 수업에서 공집합을 이렇게 말한다고 강력하게 말을 해서 여기에 써 놓습니다.

한편 '인터섹션'은 흔히 '교차로'로 알고 있지요. 그런데 가만히 잘 생각해 보면 '교차로'란 모든 차들이 서로 넘나들 수 있는 공유 지대의 역할을 하는 지역을 뜻하니 '교집합'의 뜻과 공통됩니다. 더 나아가 '엠프티 셑'(공집합)의 '엠프티'는 '비다'의 의미를 담고 있는데 소리를 확대시키는 '엠프'와 '엠프티'의 '엠프'의 의미가 서로 겹쳐요. 소리를 확대시키는 '엠프'도 소리를 내는 공간이 진공으로 역시 안이 비어 있기 때문입니다. 음! 생각이 마구 마구 번져 가네요. 여기서 스톱을 해야지.

2) 맽

'맽'은 자동차에서는 발판으로 쓰이지요. '맽'을 한국 영어로는 '매트'로 한국에서는 주로 체육 시간에서 사용하는 '구름판'에서 뛰어내릴 때 충격을 흡수하는 완충 장치를 뜻하지만, '영어'에서는 그 의미가 매우 넓습니다. '깔개' 종류는 다 '맽'이라 생각하시면 됩니다.

3) 글러브 박스

조수석에 있는 사물함을 '글러브 박스'라 부르는 이유는 옛날 자동차들이 자동차 뚜껑이 없어서 자동차가 빨리 달릴 경우에 손이 얼어 마비되기 쉬웠다는 것과 관련이 있습니다. 곧 손이 마비되지 않게 히기 위히여 '조수석'에 '글러브(장갑)'을 넣어 두게 되어 이 공간을 '글러브 박스'라고 불렀다고 합니다.

68
At the driver's license test
켄터키 주 운전면허 필기시험

아래는 켄터키 주 운전면허 필기시험 문제 중 몇 가지를 뽑아 보았습니다. 켄터키 주의 운전과 우리 운전을 비교할 수 있을 거 같아요. 심심풀이 땅콩으로 풀어 보세요.

1. 켄터키 주 법에 따르면, _____이 적절하게 조정되고 고정된 안전벨트를 착용하지 않을 경우 어떠한 사람도 자동차를 운행할 수 없다.

① 운전자와 뒷좌석 탑승자들
② 운전자와 모든 탑승자들
③ 운전자와 앞좌석 탑승자들
④ 모든 탑승자들 ※여기서 탑승자란 운전자를 제외한 승객의 개념

[원본]
As per Kentucky law, no person shall operate a motor vehicle, unless _____ are wearing a properly adjusted and fastened safety belt.

① the driver and back seat passengers
② the driver and all passengers
③ the driver and front seat passengers
④ all passengers

operate 운행하다
motor vehicle 자동차
unless -하지 않는한
wear 착용하다 또는 입다
adjust 조정하다 또는 조절하다

fasten 고정하다
safety belt 안전벨트

2. 운전 중 추돌 사고를 피하기 위해서, _____ 차간 거리를 유지해야만 한다.
① 4 내지 5초 차간 거리
② 2 내지 3초 차간 거리
③ 3 내지 4초 차간 거리
④ 1 내지 2초 차간 거리

[원본]
To avoid rear - end crashes while driving, you must maintain a:
① four - or five - second following distance
② two - or three - second following distance
③ three - or four - second following distance
④ one - or two - second following distance

rear 후방
rear mirror 백미러
rear-end crash 추돌 사고
maintain 유지하다
following distance 차간 거리

3. 후방 자동차의 전조등 불빛으로 인한 눈부심 증상을 감소시키기 위하여 운전하기 전에 _____을/를 사용해야만 하고, 이를 운전하기 전 조정해야 한다.
① 라이트 필터
② 검은색 거울
③ 반사 거울
④ 반사 방지 거울(감광 룸미러)

[원본]

To guard against glare from the headlights of a vehicle behind, you must use _____ and adjust it before you drive.

① a lighting filter
② a dark-colored mirror
③ a reflective mirror
④ a day-night mirror

glare 눈부심
headlight 전조등
reflective 반사
day-night 반사 방지 또는 감광 - 낮을 밤으로 만드는

4. 운전을 하는 동안 운전자는 눈을 _____ 간 집중해서 보아야 한다.
① 적어도 30초 내지 40초
② 적어도 10초 내지 15초
③ 적어도 4초 내지 5초
④ 적어도 5초 내지 6초

[원본]

While driving, drivers should focus their eyes _____ ahead.

① at least 30 to 40 seconds
② at least 10 to 15 seconds
③ at least 4 to 5 seconds
④ at least 5 to 6 seconds

5. 켄터키 주에서 음주자로 간주되는 최소 혈중 알콜 농도는 _____ 이다.

① 0.06%
② 0.04%
③ 0.08%
④ 0.07%

[원본]

The minimum blood-alcohol concentration at which a person is presumed to be under the influence of intoxicants in the state of Kentucky is:

① 0.06%
② 0.04%
③ 0.08%
④ 0.07%

blood-alcohol concentration 혈중 알콜 농도
be presumed to - 으로 간주하다
intoxicant 음주자

1번 정답은 운전자와 모든 탑승자로 2번입니다. 차에 있는 모든 사람이 안전벨트를 매야합니다.

2번 정답은 3번입니다. 곧 3내지 4초입니다. 여기서 재미있는 것은 미국 사람들이 1초, 2초를 세는 방법이 1001, 1002, 1003과 같이 한다는 것입니다. 즉 원 싸우전 원— 1초, 원싸우전 투— 2초와 같이 재는 것으로 이렇게 발음하면 실제 초 길이와 유사하다네요.

3번은 우리나라에는 낯설지만 '감광 룸미러'를 차에다 장착해야 된다는 것으로, 정답은 4번입니다.

4번은 정답이 2번, 5번은 3번입니다.

특히 취중 운전자를 0.08로 본다는 것은 한국보다 좀 더 관대한 거 같습니다. 한편 음주측정을 할 때도 먼저 라인을 걷게 하여 육안으로 술이 취했는지 그렇지 않은지를 확인한다는 것이 한국과 달라요. 음주 측정은 한국과 비슷하게 금요일에 많이 합니다. 그리고 술집 앞에 아예 경찰차가 대기해 있어요.

69

Tuition waiver
미국에서 학비를 아끼다!

waiver는 미국인들이 스포츠 분야뿐만 아니라 교육 분야, '비자'나 '영주권'을 취득 시, 그리고 각종 '이익과 손실'과 관련된 서류 등에 매우 자주 사용되는 중요한 용어입니다. 그래서 미국에서 '웨이버'만 잘 알아도 생활에 여러 가지 도움이 되는 일이 많습니다. 하지만 아직까지 우리나라에는 이 개념이 잘 다가오지 않는 낯선 말입니다. '웨이버'를 사전에서 살펴보면 '권리 등의 포기 또는 포기 서류'로 정의되어 있습니다. 언뜻 보기에 '포기'하는 것이기 때문에 부정적인 의미로만 사용되는 듯하나, 실은 좋은 의미로도 많이 쓰이는 말입니다. 즉 어떤 사람이 권리를 포기할 경우, 상대편에게는 이득이 되는 쌍방적 관계가 있기 때문이지요. 다양한 분야에 쓰이는 '웨이버' 중 오늘은 2가지를 살펴보겠습니다.

스포츠 분야에서 사용되는 '웨이버'란, 간단하게 말하여 '구단이 해당 선수에 대한 권리를 포기하는 것'을 의미합니다. 그런데 선수의 입장에서 보면 구단의 '권리 포기'가 좋을 수도 있고 나쁠 수도 있습니다. 즉 경기 시즌이 다 끝난 후 '웨이버' 공시가 되면, 다른 구단이 그 선수를 영입하거나 영입을 하지 않더라도 자유 계약 선수로 남을 수 있어서 좋은 면을 가지고 있습니다. 하지만 시즌 중에 공시될 경우 다른 구단이 영입하지 않을 때는 자동적으로 방출되어 선수 생활을 더 이상 할 수가 없기 때문에 나쁜 면도 가지고 있습니다. 그래서 스포츠 분야에서 '웨이버'는 매우 중립적인 의미로 쓰입니다.

교육 분야에서는 tution 학비와 함께 쓰여 tution waiver 라는 말을 사용합니다. 그런데 이 의미를 잘못 이해하면 '학비 포기'라는 말이 되어, 돈이 없어서 학비를 내지 못하는 부정적인 의미로 해석할 수 있는데, 실은 전혀 반대의 의미를 가지고 있습니다. 곧 '튜이션 웨이버'란 학생 편이 아니라 대학이 '학생에게 수업료를 부과하는 권리를 포기'할 때 나타나는 일종의 '재정적 보상'입니다. 간단하게 말해 학생이 내야 하는 '수업료' 일부 또는 전액을 '면제'해 준다는 것이지요. 따라서 한쪽의 '권리 포기'가 상대편의 '이익'이나 '면제권'을 주게 되기 때문에 좋은 의미가 됩니다. 이 '튜이션 웨이버'는 미국에서 주로 사용되는 용어로 주에서 발의된 일종의 교육 장학 프로그램입니다. 면제 조건은 주마다 다른데, 외국인도 면제 혜택을 받는 주가 있는가 하면 시민권을 가진 사람만 면제 혜택이 주어지는 주도 있습니다. 또한 면제 혜택이 해당 주의 공립학교에 입학하였을 경우에만 주어지는 주가 있는가 하면, 학생들이 해당 주 이외의 다른 주의 공립학교에서 공부를 할 경우에도 혜택을 주는 주가 있습니다. 재정 지원을 하는 기간과 나이 제한은 각 주마다 다양하며, 소수자, 제대 군인, 전 평화 봉사단원, 또는 혜택을 받을 만한 경력이 있을 경우, 우선적으로 지원됩니다. 좋은 점은 장학금을 받았을 경우 졸업 이외의 다른 조건은 없어서 일단 지원하고 보는 것이 좋습니다. 이 프로그램이 있는지 없는지는 해당 학교의 웹 사이트에서 직접 찾아보거나, 'NCWRCYD 홈페이지'를 들어가 보면 됩니다. 우리 조카들이 만약 미국에 있는 대학이나 대학원에서 공부할 경우, 이런 프로그램을 알아두면 좋겠지요. 학비가 무지 절약되니까요. ㅋㅋ

명철 우리나라도 tuition waiver을 많이 해야 하는데 수업료가 너무 비싸! 우리 아이들이 받을 수 있는 프로그램은 뭐가 있는지 막막! ㅎㅎ

명광 미국은 시민권을 가지고 있는 사람들은 대부분 튜이션 웨이버를 받아요. 그래서 학비가 비싼 의과 대학 진학을 하더라도 한국보다 부담이 훨씬 덜하지요.
① NCWRCYD 홈페이지
http://www.nrcys.ou.edu/state-pages/search/tuition_waiver
② 참고 자료
http://www.gradschoolheaven.com

70

Waiver
또 하나의 혜택

'웨이버'라는 말은 앞서 말했지만, '면제'나 '포기'의 의미라고 했습니다. 상대편의 입장에서 보면 '포기'이고 내 입장에서 보면 '면제'가 되는 상대적 측면이 있다고도 했습니다. 더불어 인간관계가 대개 상호적 측면이 있기 때문에 이 '웨이버'라는 말은 미국 사회에서 빈번하게 사용되는 말입니다. 오늘은 '영주권'과 '의료보험'과 관련한 '웨이버'의 의미를 살펴볼게요.

National Interest Waiver(NIW) 국가이익면제는 미국 영주권을 취득하기 위한 여러 가지 방법 중 하나입니다. 잘 알다시피 permanent residency 영주권이란, '이민자'들이 미국에서 영구적으로 일하거나 살 수 있는 권리를 뜻합니다. 또한 영주권 카드가 '녹색'으로 되어 있다고 하여 green card 그린 카드라고도 불립니다.

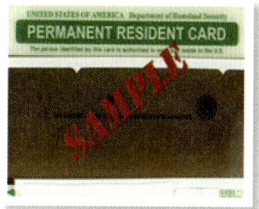

이 영주권은 시민권 취득 직전의 단계로 거의 모든 미국인 권리가 주어진다고 볼 수 있겠습니다. 특히 교육적 측면에서 보면 이 그린카드 소지자들은 상당히 좋은 이점이 있습니다. 영주권을 가지고 있으면, 초·중·고등학교(공립)의 경우 무료로 공부를 할 수 있으며, '대학교' 이상의 경우, '튜이션 웨이버'를 신청하여 역시 학비 면제를 받을 수 있기 때문입니다. 그래서 자녀를 해외에 유학시키는 외국인들의 경우 특히 부모가 영주권을 신청하는 경우가 많습니다. 그런데 이 영주권을 취득하기 위해서는 매우 복잡한 절차와 조건이 있지만, 이주민 중 고급 인력의 경우 상대적으로 간편하게 취득할 수 있는 방법이 있는데, 그것은 위와 같은 NIW 프로그램이 그것입니다. NIW의 뜻은 미국 이익을 위해 필요한 사람의 경우 일반 영주권 취득 조건을 면제받을 수 있다는 말입니다. 좀 더 자세히 말하면 미국의 이익을 위해 필요한 전문 인력인 경우, 일반적으로 영주권을 받기 위해서 필요한 Labor certification requirement 고용 증명 요구 조건을 면제 받을 수 있음을 법으로 명시한 조항입니다. 참고로 이에 해당하는 사람은 석사 이상의 전문직 종사자입니다. 그리고 그 전문직은 거의 대부분이 이공 계통의 전문직입니다.

외국인이 미국 대학에서 공부하려면 반드시 Health Insurance 의료 보험에 가입하여야 하는데, 미국 보험은 잘 알다시피 매우 비싸서, 외국인 유학생들은 미국 보험을 잘 들지 않습니다. 대신에 자신들의 국가에서 민간 의료 보험을 가입하고 미국에 옵니다. 이렇게 할 수 있는 이유는 대부분의 미국 대학이 미국 보험 가입이 의무적이지 않고 단지 의료 보험의 보상 금액 조건을 정하고 있어(예를 들어 '상해 보험'은 ○천만 원까지'라는 가이드라인을 정하고 있어), 이 조건만 맞으면 어느 나라 국적의 보험이든 가입했다고 인정하기 때문입니다. 이를 Health Insurance Waiver 의료보험 면제 조건 또는 Waiving Coverage 보험 면제 조건이라고 합니다. 이는 비단 유학생만 해당하는 것이 아니라 우리 가족도 '면제'를 받았습니다. 우리도 미국 보험을 들지 않고, Waiver 조건에 해당하는 민간 한국 보험을 가입한 후 왔기 때문이지요. 보험 가입비용은 미국에서 드는 것보다 1/3 수준입니다.

 명광 미국 영주권 관련 홈페이지
http://www.uscis.gov

No Child Left Behind
뒤쳐지는 아이가 없도록 하기

미국에서 이 말을 모르면 간첩이라고 할 정도로 매우 자주 사용되는 표현이면서도, 논쟁에 중심에 서 있는 구호이기도 합니다. 이 표현은 간단하게 말하면, "학교에서 뒤쳐지는 아이가 없도록 하자"는 일종의 교육 혁신 프로그램입니다. 다시 말하면 NCLB(No Child Left Behind)는 disadvantaged students 사회적 혜택을 받지 못하는 학생들을 위한 flagship aid program 주정부 차원의 재정 보조 프로그램입니다. 이 프로그램은 2001년 1월 23일에 당시 미국 대통령이었던 조지 W 부시가 발의하고, 이후 많은 사람들의 손을 거쳐 2002년도 1월 8일에 The Elementary and Secondary Education Act 미국 초중등 교육 법안으로 명문화되었습니다.

주요 내용은,

첫째, 학생들의 수준을 알아보기 위하여 수학, 읽기, 과학 시험을 정기적으로 실시한다.

둘째, 저소득 학생, 장애 학생, 영어가 서툰 학생, 인종 등 다양한 차원으로 시험 결과를 분석한다.

셋째, 그 결과는 개별 학교, 지역 사회 학군 및 주정부에 공개한다.

넷째, 연방 정부는 학생들의 학력 향상 프로그램, 학교 개선 그리고 교사의 질을 높이는데 자금 지원을 집중한다.

다섯째, 학업 수준을 향상시킨 주, 지역, 학교는 보상을 받지만 그렇지 못한 학교는 자금 지원을 축소 또는 중단을 한다.

여섯째, 계속해서 성적이 계속 오르지 않는 학생의 부모에게는 학교를 옮기거나 아니면 개인 과외를 받도록 해주는 등의 여러 방안의 선택권을 준다.

그러나 좋은 취지로 된 이 프로그램은 아래와 같은 많은 비판을 받게 되었습니다.

이로 인해 오바마 정부의 대폭적인 수정의 대상이 되고 있습니다.

첫째, 학력 수준이 낮은 학생들(장애 학생, 소수 민족과 같은 소외 계층)들의 교육을 많은 학교들이 기피하게 되었다. 즉 우수한 학군이나 학교의 경우, 학교 수준을 떨어뜨릴 것을 염려하여 이들이 전입하기 어려운 상황이 벌어졌다.

둘째, 국가 기준에 맞춘 교육을 한 나머지 인성 교육이 아니라 암기식 교육 위주의 수업으로 바뀌었다.

셋째, 학교 특수적 상황을 인정하지 않는 표준 기준으로 인하여 지역 사회의 특수성을 잘 반영하는 기존 학교들이 폐교해야 되는 위기가 발생했다.

넷째, 소수 그룹은 보고에서 제외되는 면제 조항이기 때문에(25명 미만), 학교에서 일부러 이들 학생들을 국가나 지역 사회에 보고하지 않았다. 그래서 자녀들의 수준을 소수계 자녀 부모가 알 수가 없게 되었으며, 결과적으로 인종 차별적인 논란을 불러일으켰다.

교육은 백년지대계인데! 음. 남의 나라 이야기가 아니죠? 미국이 우리나라 교육 정책을 베꼈을까, 아니면 우리나라가 미국의 교육 정책을 베꼈을까요? 말 안 해도 아시죠? 베끼는 것이 나쁜 것이 아니라 베끼려면 천천히 그리고 제대로 베껴야지요. 부작용이 없도록 말이에요.

72

Feeder school
'명문고'의 의미로서의 피더스쿨

　자식들을 좋은 학교에 보내려고 하는 마음은 어느 나라나 다 똑같을 겁니다. 미국에서도 매양 한가지인데 부모들은 자식들을 소위 ivy league 미국 명문 8개 대학에 보내려고 아이들을 좋은 학교에 보내고, 과외를 시킨다거나, 예체능 교육을 집중적으로 시키는 등 한국의 부모보다 오히려 더 심하게 교육시킵니다. 미국 부모들이 좋은 대학에 보내기 위해서 '예체능 교육'을 시킨다는 점은 한국과 조금 다른데, 이는 대개의 미국 명문 대학의 경우 예체능우수자들을 우대하기 때문입니다. 예컨대 악기를 2개 내지 3개 정도 다룰 줄 알아야 아이비리그에 들어갈 확률이 높다는 것입니다. 더불어 미국 부모들은 자식들을 일반 학교에 보내기 보다는 소위 feeder school 공급 학교에 보내려고 안간힘을 씁니다. 지금부터 '피더 스쿨'의 의미가 어떻게 '명문 학교'의 뜻을 가지는지에 대한 이야기를 해보려고 합니다. 음! 그리고 미국의 고등학교 중 명문 고등학교는 어디인지도 기회가 되면 소개해 볼까 합니다.

　예컨대, 머레이 지역에서 머레이 고등학교의 학생들은, 같은 지역에 있는 머레이 중학교 졸업생들이 대부분입니다. 따라서 '머레이 중학교'는 '머레이 고등학교'의 입장에서 보면, '공급 학교'가 되는 것이지요. 이 개념은 '초등학교→중학교', '중학교→고등학교', '고등학교→대학교'와 같이 상급학교로 공급해주는 상향적 개념일 뿐만 아니라, 특정 대학의 재학생이 다른 대학으로 편입하거나, 특정 대학의 졸업생이 특정 직장에 취업을 많이 할 경우도 '공급하는 학교'를 '피더 스쿨'이라고 합니다.

　미국에서는 매년 좋은 대학교(특히 아이비리그 대학)에 배출을 많이 하는 학교를 조사하여 이를 공개하는데, 이 고등학교들을 '피더 스쿨'이라고 부릅니다. 이 명문 고등학교들은 사립학교가 대부분이며, 주로 아이비리그에 위치해 있는 동부에 집중적으로 몰려 있습니다. 미국의 사립 고등학교는 크게 둘로 나누는 데 하나는 boarding school 기숙사가 있는 학교와 day school 기숙사가 없는 학교입니다. 유명 사립학교는 입학을 하기 위해서는 입학시험을 보기 때문에 경쟁이 치열합니다. 아울러 교사들과 학생들의 수가 1:6의 비율이며, 고등학교 수업 때 배운 내용 중 일부분이 liberal arts 대학 교양 과목에서 인정받는 것이 특징입니다. 소위 선수 학습을 인정받는다는 것입니다. 학비가 무지 비싸지만, 한국과 마찬가지로 일단 해당 고등학교에 들어가기만 하면, 좋은 대학 입학이 보장되기 때문에 다들 기를 쓰고 들어가려고 합니다. 이 점 한국을 보는 듯하여 씁쓸하네요. 몇몇 고등학교를 소개하면 아래와 같습니다.

① Trinity School
뉴욕 소재
남녀 공학/데이 스쿨
학비 : 약 5000만원
80% 이상 수업이 선수 과목
(대학에서 인정받을 수 있음)
졸업생 중 41%가 아이비리그 대학에 입학
2010년 포브스(신문)에 가장 좋은 사립 고등학교로 선정됨
학생/교사 비율 : 6/1

② Phillips Academy Andover
메사츠세츠 소재
남녀 공학/데이+보딩 스쿨
학비 : 약 5000만원
77% 수업이 선수 과목
졸업생 중 33%가 아이비 리그 입학
국제 학생 비율 9%
좋은 사립 고등학교 3위
학생/교사 비율 : 5/1
학생 자치 기구
(학생 클럽 활동)이 많음

미국 피더 스쿨 대부분은 클럽 활동이 활성화 되어 있고 이것이 일정 부분 대학 입학에서 가산점 역할을 합니다.

Ivy League
우후죽순 '아이비리그'

잘 알다시피 Ivy League는 미국 동북부에 있는 8개 명문 사립대를 가리킵니다.

하버드대 (Harvard University, 1636)   예일대 (Yale University, 1701)
펜실베이니아대 (University of Pennsylvania, 1740)   프린스턴대 (Princeton University, 1746)
컬럼비아대 (Columbia University, 1754)   브라운대 (Brown University, 1764)
다트머스대 (Dartmouth College, 1769)   코넬대 (Cornell University, 1865)

아이비리그의 Ivy라는 말은 북미에 주로 있는 '담쟁이덩굴'이라는 뜻입니다. '담쟁이'는 보통 오래된 학교 벽에 많이 붙어 있는데, 그래서 'Ivy 아이비 대학'이라고 하면, 역사가 오래된 대학들을 의미합니다. 초창기 미국의 대학들이 주로 동북부에 집중되어 형성되었기 때문에 Ivy 아이비 대학들은 대개 동북부에 있습니다.

여기에 이 지역의 대학들을 중심으로 1954년에 학교 간 결성한 스포츠 경기 특히 각 대학 간의 미식축구 경기를 위해 만든 league 가 결성되어 여러 대학 단체들을 부르는 하나의 고유명사가 된 것입니다. 마치 혜화동에 대학가가 밀집해 있어, 이 부근을 '대학촌'이라고 부르듯이 말입니다.

한편 Ivy league 아이비리그 의 '아이비'가 로마 숫자 4(IV)에서 나왔다는 말도 있습니다. 1920~30년대의 미식축구 리그가 하버드, 예일, 프린스턴, 컬럼비아와 같이 4개 대학이 구성원이었기 때문에 이 4대학을 가리켜 로마 숫자 4인 IV를 사용하였습니다. 물론 이 IV는 'IVY'라는 모양뿐만 아니라 발음도 '아이비'로 비슷하게 발음됩니다. '아이비리그'는 Ivies 아이비즈라고도 불리며, 그중에서도 '하버드·예일·프린스턴'을 가리켜 HYP 또는 '빅 3'이라고 합니다. 마치 우리나라의 '서울대, 연대, 고대'를 sky 대학이라고 부르는 것처럼 말입니다. 따라서 오래된 대학의 의미에서 우수 명문 대학의 의미로 확대 되어 해석되게 되었는데, '아이비'라는 말이 전통적인 아이비리그 대학 이외의 대학 중 우수한 대학들을 모둠지어 말할 때 사용됩니다.

① 아이비 플러스 리그 : 위 8개 대학 이외에 우수한 대학 명문 대학
스탠퍼드대(Stanford University)
매사추세츠공대(MIT: Massachusetts Institute of Technology)
시카고대(University of Chicago)
존스홉킨스대(Johns Hopkins University)

② 퍼블릭 아이비(Public Ivy) : 우수 명문 주립 대학
UC 버클리(University of California-Berkeley)
미시간대(University of Michigan)
버지니아대(University of Virginia)
텍사스대(University of Texas-Austin)

③ 작은 아이비(Little Ivies, Hidden Ivies, Little Three)
: WASP계통 자녀들이 입학하는 주로 미국의 동북부 지역에 소재한 인문대학
윌리엄 대학(William College, 1793)
앰허스트 대학(Amherst College, 1821)
웨슬리언 대학(Wesleyan University, 1831) 등 약 13개 대학
※WASP(White Anglo-Saxon Scottish Protestant): 미동북부 지역의 백인 상류층.

④ 블랙 아이비(Black Ivy League): 흑인 우수 명문 대학
하워드 대학(Howard University)
모어하우스 대학(Morehouse College)
햄톤 대학(Hampton University) 등 7개 대학

이 밖에 남부의 명문 우수 대학들을 가리켜 Southern Ivies 남부 아이비, 서부의 명문 우수 대학들을 가리켜 Western Ivies 서부 아이비 등 매우 다양한 'Ivy 리그'가 우후죽순처럼 생겨났습니다. 마치 지금 미국 사회는 Ivyholism 아이비 중독증에 빠진 것처럼 말입니다. 한국 사회나 미국 사회나, 음, 학벌 중독은 매한가지네요.

  명철 우리가 들어본 이름의 대학도 있지만 생소한 이름의 대학들도 있네! 나름 유명한 대학이겠지만.

74
You will nail it
민욱이 친구에게서 온 편지

민욱아 보거라. 첫 번째 편지 중에 you will nail it. 이란 말이 나오는데 nail은 보통 '못, 손톱'이라는 뜻이지만, 동사로 nail it하면 '합격하다, 성공하다, 일을 빠르게 잘 처리하다'의 뜻을 가진단다. 그래서 전체적인 의미는 '넌 잘할 거야, 넌 성공할 거야'란다. 너희 또래 아이들이 즐겨 쓰는 표현 같아. 또 두 번째 편지 중에 나오는 semper melior 는 라틴어로, 'semper'는 'forever: 영원히, 항상'이라는 뜻이며, 'melior'는 'better: 좀 더 나은, 개선되는'의 뜻이란다. 그래서 전체 뜻은 'forever better'로 '항상 더 나은, 영원히 좋아지기를 바라며, 항상 잘되기를 바라며' 등으로 해석된단다.

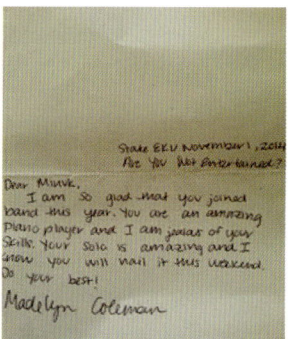
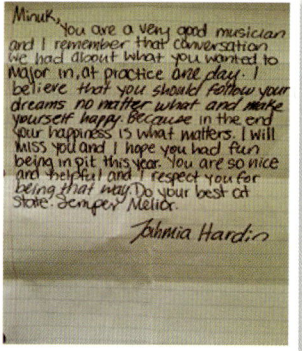

75

Snail mail
손 편지

한국과 마찬가지로 미국에서도 편지를 쓴다고 할 때는 대개 이메일로 합니다. 손 편지를 쓰는 경우도 간혹 있어요. 지난 번 민욱이는 머레이 대학 은퇴 교수로부터 골프채를 받았는데요. 그분께 감사의 편지를 썼더니 그 분이 우리 집 식구에게 손으로 쓴 답장 편지를 보내왔어요. 정말 따뜻함이 느껴지더라고요. 손 편지든 이메일이든 편지를 쓸 때는 나름의 형식이 있는데, 이 형식을 잘 모르면 자기의 마음을 제대로 전달하기도 전에 상대편을 불쾌하게 만들 수 있습니다. 특히 처음 시작하는 말과 끝맺음 말은 거의 정해진 표현을 사용하기 때문에 외국인에게 글을 쓸 때는 이 표현을 외워두면 좋습니다. 우리 집에서 미국인에게 보냈던 편지 그리고 받았던 편지에 비추어 그 형식이 어떻게 되는지를 오늘 보여드리고자 합니다.

1) 맨 처음 말

Dear + 신분 + 이름

'Hi, Hello' 등도 인사말로 자주 사용하지만, 대개 친한 친구 사이일 때 씁니다. 하지만 상대편이 나보다 높은 사람이나 격식을 차려야 되는 사람일 때는 'Dear(존경하는, 사랑하는)'를 먼저 쓰고 그 사람의 신분을 쓴 다음, 이름을 차례로 씁니다.

Dear Principal Terresa speed!
Dear Professor Kim
Dear Dr. ○○○
Dear Mr. ○○○

그 사람의 신분을 잘 모르겠거나, 상대편이 명예 호칭을 좋아한다고 판단된다면 Mr. Ms. 등이나 명예를 나타내는 Dr.(박사)를 붙입니다. 미국 대학 교수 중에는 앞에

Dr. 박사 또는 Professor 교수를 붙이지 않으면 예의에 어긋난다고 하여 학생들에게 답장을 안 보내는 경우도 종종 있다고 하네요. 다음에 '이름'의 경우에도 성 last name 성을 써도 무난하지만, 좀 더 격식을 갖추고 싶다면 Full name '성+이름'을 씁니다. 미국에서 '풀 네임'이란 자기 이름 First name, 중간 이름 Middle name, 그리고 가족의 성 Last name 을 모두 적는 것을 의미합니다.

2) 끝 맺음말

보통 끝 맺음말에는 누가 보냈다는 표현 즉 보내는 사람의 이름을 적습니다. 미국 편지는 자기 이름을 쓰는 대신에 아래와 같이 씁니다.

"Sincerely, yours."

위 뜻은 '진심으로, 당신의 친구가'라고 씁니다. 이 말은 상대편을 잘 알 때도 또는 격식을 차려야 할 때 모두 두루 사용할 수 있습니다. 이 말 대신에 Very truly Yours 또는 truly Yours라고도 할 수 있습니다. 다만 이 표현은 격식적 표현이 요구되는 편지에서 사용합니다. 이에 반하여 아주 친한 사람일 경우는 'Best regards'를 보통 씁니다. 그냥 'regards'라고도 할 수는 있지만 받는이가 좀 차갑게 느낄 수 있습니다. 한편 맺음말 전에 감사함을 전하고 싶은 표현도 자주 쓰고 싶을 때는 "Thank you for your help." 또는 "Thank you for your caring of me."라고 씁니다. 여기에 손편지를 쓸 때 맨 밑에 자필 서명을 하는 경우도 있는데, 이는 상대편에게 신뢰감을 줍니다.

Holiday
미국의 공휴일

영어에서 공휴일을 뜻하는 holiday는 holy + day(성스러운 + 날)이라는 의미로 종교에 기인한 휴식일을 뜻합니다. 하지만 미국의 공휴일은 종교적인 의미보다는 역사적 사건이나 인물을 기념하고 있는 경우가 많습니다. 보통 미국에서는 주마다 자체적으로 공휴일을 정할 수 있지만, 실제로는 대부분의 주들이 연방에서 정한 공휴일인 legal holiday 법정 공휴일, public holiday 공공 공휴일을 따르고 있습니다. 하지만, 공휴일이 곧 쉬는 날의 개념은 아닙니다. 연방 공무원의 경우 법정 공휴일은 대개 다 쉬지만, 주 공무원은 공휴일 중 해당 주가 '쉬는 날로 표시된 날'만 쉽니다. 또한 관공서를 제외한 일반 기업, 학교 등은 '신정(New Year's Day, 1월 1일)이나, 독립기념일(Independence Day, 7월 4일), 추수감사절(Thanksgiving Day, 11월 네 번째 목요일), 현충일(Memorial Day, 5월 마지막 주 월요일), 크리스마스(Christmas Day, 12월 25일)' 등 주요 법정 공휴일은 쉬지만 이 이외의 공휴일은 주에 따라 쉬기도 하고 쉬지 않기도 합니다. 미국의 공휴일 중 위에서 말한 5가지를 제외한 공휴일에는 아래와 같은 것이 있습니다.

마틴 루터 킹의 날(Martin Luther King Day) : 1월의 세 번째 월요일
대통령의 날(President's Day) : 2월의 세 번째 월요일
노동절(Labor Day) : 9월의 첫 번째 월요일
콜럼버스 날(Columbus Day) : 10월의 두 번째 월요일
재향 군인의 날(Veterans Day) : 11월 11일

가만히 잘 보면 Veterans Day를 제외하고는 다 월요일이 공휴일입니다. 죄다 월요일에 무슨 일이 일어나서 그런 걸까요? 하하, 그건 아닙니다. 이건 놀기 편하게 일부러 만든 거예요. 이 '월요일 공휴일'은 1971년, 당시 리처드 닉슨 대통령이 만들었습니다. 닉슨 대통령은 많은 연방 공휴일의 날짜를 해당 기념일에서 가장 가까운 월요일로 공식적으로 바꾸었습니다. 그러면 가만히 잘 계산해보면 '금요일 저녁, 토, 일, 월'을 쭉

쉴 수 있는 황금연휴가 됩니다. 아주 부럽습니다. 이것만 있는 것이 아니라, '신년일, 독립기념일, 크리스마스 등'이 일요일일 경우에도 그 다음날인 '월요일'을, 토요일일 경우에는 그 전날인 '금요일'을 역시 공휴일로 정하고 있습니다.

일요일 → 월요일 (결과 : 토, 일, 월 쉼)
금요일 ← 토요일 (결과 : 금, 토, 일 쉼)

2월 대통령의 날은 대통령 중 미국 초대 대통령 워싱턴과 16대 대통령 아브라함 링컨을 기리는 날입니다. 미국의 Labor day 노동절은 9월 첫째 주 월요일입니다. 국제적인 노동절은 5월 1일로 미국의 노동절 날짜와 다릅니다. 재미있는 것은 국제적으로 보편화된 노동절 날짜도 미국이 시초입니다. 그 이유는 국제적인 노동절은 1886년 뉴욕/시카고 등 주요 도시의 노동자들이 8시간만 일할 권리'를 주장하면서 총파업을 한 날짜 5월 1일에서부터 나왔기 때문입니다. 한편 미국에서 9월 첫째 주 노동절이 된 이유는 1992년 9월 5일 뉴욕시 중앙노동조합(CLU)가 대규모 노동자 행진 대회를 연 것에서 시작되었습니다. 10월 '콜럼버스 데이'는 1492년 10월 12일 '크리스토퍼 콜럼버스'가 신대륙인 미국대륙을 발견한 날을 기리기 위합니다. 그러나 미국 원주민들은 이 날이 좋은 날은 아닌 것 같습니다. 국경일은 아니지만, 관습적으로 명절로 여기는 날들이 있습니다. 2월 14일'의 '발렌타인 데이'와 3월 17일'의 '성 페트릭 데이'그리고 4월의 부활절이 있습니다. 또 5월에는 어머니날(5월 10일), 6월에는 아버지날(6월 21일)도 있습니다. 10월 말일의 '할로윈데이'도 빼 놓을 수 없습니다.

우리나라도 쉴 때 팍 쉴 수 있는 제도를 만들었으면 음…….

Trick or treat
떡 하나 주면 안 잡아먹지

어제(미국 기준, 10월 31일)는 halloween day 로 미국의 축제날이어서 동네가 떠들썩했어요. 할로윈 데이는 우리의 동짓날과 비슷합니다. 하지만 우리의 동짓날은 귀신을 쫓기 위해 팥죽을 먹지만 여기는 오히려 귀신 분장을 한 후 귀신을 놀라게 해 도망가게 한다는 점에서 서로 다릅니다.

할로윈 데이는 원래 영국 잉글랜드와 북유럽 지방 캘트 족의 풍속에서 유래했습니다. 이 지역은 추운 지역이어서 11월이 되면 겨울이 옵니다. 그런데 이 지역 사람들은 11월 전날 그러니까 10월 31일에 귀신들이 와서 아이들의 몸속에 들어가 해코지를 한다고 믿었습니다. 따라서 이날 귀신을 내쫓기 위해 아이들을 집집마다 돌아다니게 하면서 소리 지르게 하여 액땜을 하였다는군요.

그런데 아이들이 각 집에 돌면서 'trick or treat'라는 말을 합니다. trick 트릭은 우리말로 '속이다'(트릭을 쓰다)라는 뜻이지만 정확한 의미로는 '남을 속여 장난치다'입니다. treat 트리트는 우리말로 '처리하다, 다루다'의 의미이지만 여기서는 '날 좀 잘 다루어줘(즉, 선물 좀 줘)'로 해석됩니다. 흔히 미장원에서 머리를 꾸밀 때 treatment 트리트먼트를 하면서 '아줌마 머리 좀 잘 해줘요'라고 하듯이 그런 요청의 의미를 담고 있다고 보시면 됩니다.

그런데 어린 아이들이 달라고 하는 것이 뭐겠어요? 그죠? 사탕이나 초콜릿이지요. 따라서 '트릭 오어 트리트'라고 하면 '사탕주세요, 그렇지 않으면 집에다 장난칠 거예요!'라는 의미가 됩니다. 우리 속담에 '떡 하나 주면 안 잡아먹지!'와 너무 비슷하지요. 어린 아이들이 귀신 분장하고 '트릭 오어 트리트'라고 하면 얼마나 귀엽겠어요. 그런데 우리는 아이들이 올까봐 불을 다 끄고 다른 곳에 놀러갔어요. ㅋㅋ 사탕과 초콜릿 값이 많이 들까봐(농담입니다.) 참고로 귀엽지는 않지만 대구대 학생들과 외국인 학생들이 분장한 사진을 보내드리겠습니다.

Thanksgiving day
칠면조를 먹어요.

추수감사절
thanksgiving day
4째 주 목요일
the fourth thursday
칠면조 고기 turkey

11월 넷째 주 목요일은 미국의 thanksgiving day입니다. 추수 감사절은 우리로 따지면 추석과 같아요. 한해 수확에 대한 감사와 떨어져 살았던 식구들이 모이는 날입니다. 그리고 turkey 칠면조를 먹으면서 감사 기도를 올리는 날입니다. 그런데 특이한 점은 몇 월 며칠이라고 날짜를 정해 놓은 것이 아니라 the fourth thursday라고 하여, '주'와 '요일'만 정했다는 점입니다. 넷째 주 목요일을 추수감사절로 정한 이유는 쉬는 날인 토요일 그리고 일요일과 겹치지 않게 하기 위함입니다. 그렇기 때문에 역시 공휴일로 지정된 금요일을 포함해, 4일을 쭉 쉴 수 있는 것입니다. 연도와 상관없이 말이죠. ㅋㅋ 또 추수 감사절은 국가마다 다릅니다. 영국은 8월 1일, 캐나다는 10월 둘째 주 월요일, 유럽은 부활절 이후 40일 되는 날, 한국은 11월 3째 주 일요일입니다.

'~째 주'라는 말은 '순서 숫자+ 윅(week)'입니다.

첫째 주 : 퍼스트 윅(first week)

둘째 주 : 세컨드 윅스(second weeks)

셋째 주 : 써드 윅스(third weeks)

넷째 주 : 포스 윅스(fourth weeks)

한 가지 주의할 점은 주과 함께 요일이 붙을 경우 '순서 숫자+주+요일'의 순서일 것 같지만 그냥 '순서 숫자+요일'과 같이 간단하게 말합니다.

명광 첫째 주 월요일은 '더 퍼스트 윅 먼데이'(the first week monday)라고 할 것 같지만 그냥 '더 퍼스트 먼데이' (the first monday) 라고 간단하게 말합니다. 그러면 넷째 주 목요일은 어떻게 말할까요?

I have a dream
나에게는 꿈이 있습니다

어제 공휴일을 설명하면서 킹 목사 기념일을 잠깐 언급하였습니다. 즉 거의 모든 주가 마틴 루터 킹 목사의 생일(1929년 1월 15일)을 공휴일(1월 세 번째 월요일)로 지정하였다고 말하였습니다. 이 날이 쉬는 날인지 단순히 기념일인지 하는 것은 차치하고서라도 마틴 루터 킹 목사에 대한 평가가 매우 엇갈리고 있기는 하지만, 그의 비폭력주의와, 평화주의 정신은 지금까지 미국 사회에 큰 영향력을 주고 있음은 분명한 사실입니다.

마틴 루터 킹은 침례교회 목사로서, 아주 인상 깊은 연설을 하는 것으로 유명한데 그 중에서 1963년 8월 23일 노예 해방 100주년을 기념하여 한 I have a dream 은 에브라함 링컨의 '노예 해방 선언문'이후 가장 훌륭한 연설로 많은 사람들의 입에 오르내리고 있습니다.

그 중 일부를 적어보면 아래와 같습니다.

I have a dream that one day this nation will rise up and live out the true meaning of its creed: "We hold these truths to be self-evident: that all men are created equal."

나에게는 꿈이 있습니다. 언젠가 이 나라가 '모든 인간이 평등하게 태어났다는 이 진리가 자명하다(self-evident)는' 그 신념(creed)의 진실된 의미를 듣고(rise up) 이를 실행(live out)할 것이라는 그런 꿈입니다.

I have a dream that one day on the red hills of Georgia the sons of former slaves and the sons of former slave owners will be able to sit down together at a table of brotherhood.

나에게는 꿈이 있습니다. 조지아 주의 붉은 언덕에서 전에 노예의 후손들과 이전에 노예 주인의 후손들이 형제(brotherhood)라는 테이블에 함께 앉아 있을 수 있을 거라는 그런 꿈입니다.

I have a dream that one day even the state of Mississippi, a state, sweltering with the heat of injustice, sweltering with the heat of oppression, will be transformed into an oasis of freedom and justice.

나에게는 꿈이 있습니다. 불의(injustice)의 열과 억압(oppression)의 열로 인해 숨이 막힐 것 같은(sweltering) 주, 미시시피 주가 자유와 정의의 오아시스로 바뀌는(be transformed into) 그런 꿈입니다.

I have a dream that my four little children will one day live in a nation where they will not be judged by the color of their skin but by the content of their character. I have a dream today.

나에게는 꿈이 있습니다. 내 네 명의 아이들이 언젠가는 피부색이 아닌 인격으로 평가되는 나라에 살게 되는 그런 꿈입니다.

명광 요즈음 미국을 보면 마틴 루터킹 목사의 꿈이 아직도 여전히 꿈인 것 같은 생각이 많이 드네요.
http://www.americanrhetoric.com/speeches/mlkihaveadream.htm

How are you doing?
신비주의를 택할 것이냐?

안녕하세요 how are you doing?
감사해요 thank you
천만에요 you are welcome

　미국인들은 지나가다 눈이 마주치면 거의 hi 또는 how are you 라고 인사를 합니다. 처음에는 어색하고 부담스러워 고개를 숙여 땅만 보고 가기 일쑤였습니다. 지금은 제가 먼저 하지만 말입니다.

　그러면 대답은 어떻게 할까요? Hi 또는 Thank you 또는 우리가 어렸을 적에 배웠던 fine, thank you and you를 써도 됩니다. 그런데 우리가 처음 만나는 사람에게 써야 한다고 배웠던 How do you do는 공식적인 상황이 아니면 거의 쓰지 않습니다. 대신 How are you 를 대단히 많이 씁니다. 또한 몇 번 본 사람일 경우에는 how are you도 자주 쓰지만 How are you doing? 이라는 말을 더 자주 씁니다. How are you doing? 이란 말을 액면 그대로 하면 '너 요즘 어떻게 지내? 라는 뜻입니다. 역시 대답으로 fine 하시면 됩니다.

　아참, 이 사람들은 thank you라는 말도 거의 입에 붙이고 삽니다. 민욱 엄마는 아무 말 않고 미소를 짓는 신비주의를 아직까지 고수하고 있는데 이것도 좋지만 유어 웰컴 you are welcome 을 거의 조건 반사적으로 쓰는 것이 더 좋습니다.

Quotes
손가락으로 말하다

몸짓언어 gesture
따옴표 quotes

민욱이가 어느 날 학교에 갔다 오더니 미국인들이 자신의 생각을 표현할 때 손가락으로 gesture를 많이 쓴다고 말하면서 재미난 제스처 중 몇 가지를 알려주었습니다.

양손의 검지와 중지를 펴면 토끼 귀와 같은 모양이 나오는데 미국인들은 어떤 단어나 문장을 강조할 때, 이 토끼 모양과 같이 만든 손가락들을 구부렸다 펴는 동작을 반복합니다. 이 동작은 영어 이름이 다양한데, air quotes, finger quotes, ersatz quotes 또는 bunny quotes라고 합니다. 잘 보면 이 모든 말 가운데 모두 'quotes'가 포함되어 있습니다.

'코우츠'란 우리말로 해석하면 '따옴표'라는 뜻입니다. 즉 사진에서 보듯이 양 손의 두 개의 손가락 모양이 마치 따옴표 " "를 허공에다 표시하는 것과 비슷하지요. 잘 알다시피 " "은 '단어'나 '문장'이 인용되었음을 표시하는 약속 기호로서, 인용된 말을 상대편에게 강조하여 전하고 싶을 때 이 동작을 한다는 것입니다.

이 동작의 전체 과정은 우선 어깨 넓이로 양손을 벌린 후, 말하는 사람의 눈높이 정도로 양 손을 듭니다. 다음에 자신이 강조하고 싶은 표현을 하기 직전에 '코우츠'를 하고(두 손가락을 굽히고), 그 표현이 끝났을 때 '코우츠'를 함으로써 표현을 마무리하는 것입니다. 하지만 보통은 강조하고 싶은 말을 하면서 동시에 이 동작을 두 번 연이어 합니다.

'코우츠'동작은 역설적인 상황에서도 쓰일 수 있는데 이 경우는 반대의 의미를 강조할 때 사용됩니다. 예컨대 "I don't like you!" 나 너 싫어라는 표현을 하면서 '에어 코우츠'동작을 한다면, "I like you so much" 나 정말 너 좋아해라는 의미로 해석될 수 있다는 것이지요.

한편 이 '에어 코우츠' 동작은 1979년도 진행된 TV 쇼 'Celebrity charade'에서 인용한 말이나 구절에 대한 표시한 데서부터 유래됐습니다. 또한 1990년대에 인기를 끌었던 Stand-up show의 사회자 Steve Martine과 sketch comedy show 인 "Saturday Night Live"에서 Bennett Brauer 역을 맡은 배우 Chris Farley가 자신이 표현하고자 하는 말을 과장되게 강조를 할 때 이 '에어 코우츠'동작을 자주 사용하면서 본격적으로 대중화 된 것입니다.

이는 미국인들이 매우 빈번하게 사용하는 손짓 언어로, 미국 영화나 시트콤에도 자주 이 동작이 등장합니다. 대표적으로 미국 코메디 영화 1997년의 Austin Powers에서 '닥터 이블'과, 코메디 시트콤, Friends에서 출연 배우들이 했던 동작들이 그것입니다.

Charade (셔레이드) – 한 사람이 하는 몸짓을 보고 그것이 나타내는 말을 알아맞히는 놀이
Stand-up show (스탠드 업 쇼) – 주로 생방송 형태를 띠며, 청중들 앞에서 코메디를 하는 쇼.
Sketch comedy show (스키치 카미디) – 한 편에 한 그룹이 1분내지 10분정도의 단편으로 만든, 작은 줄거리들을 가진 코메디 프로그램

82

Cross fingers
검지와 중지를 교차하면

엄지 손가락 Thumb
검지 손가락 Index finger
가운데 손가락 Middle finger
약 손가락 Ring finger
새끼 손가락 Pinkie/Pinky
교차된 손가락 Cross fingers

미국 영화나 드라마를 보면 Index finger를 Middle finger 안쪽으로 꼬는 동작이 많이 나옵니다.

이 교차된 손가락 Cross fingers는 십자가를 상징하는 것으로 원래의 의미는 '신의 가호'를 기원한다는 뜻을 지녔습니다. 언제부터 손가락을 교차 시키는 동작이 '신의 가호'라는 의미를 갖게 되었느냐는 의견은 분분하지만-그리스도 시대인지 아니면 그 이전의 시대인지-, 십자가가 절대자의 힘을 상징하며 그 절대자의 힘을 빌려 나쁜 것을 쫓아내고 좋은 기운은 받고자 하

는 기복적 상징성을 가진다는 데에는 이견이 없습니다. 또한 십자가 박해를 받았던 초창기의 기독교인들이 상대편이 기독교인임을 알기 위하여 이 표식을 사용했는데, 이 때는 그리스어의 '익투스'(Ichthus, 물고기)를 상징했다고도 합니다. 그러던 것이 '신의 가호'나 '행운'을 뜻하는 것으로 완전히 굳어지게 된 계기는 중세 시대에 많은 전쟁(유럽) 속에서 군인들이 '신의 가호'를 기원하는 동작으로 '크로스 핑거즈'를 하였기 때문입니다. 따라서 이 의미는 아래와 같이 자신의 소망이나 보호, 여기에 더 나아가 다른 사람의 '행운'을 빌어주는 의미를 가진다는 것입니다.

A: My son has an interview today. 오늘 아들 면접이 있어요.

B: I'll keep my fingers crossed for him. 행운을 빌게요.

그런데 '크로스 핑거즈'는 문맥에 따라 매우 다양한 의미로 쓰입니다.

예컨대 등 뒤에서 '크로스 핑거즈'를 할 경우 '제가 거짓말을 하고 있지만 용서해 주세요.'라는 의미를 갖습니다.

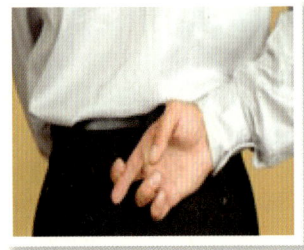

곧 '제가 십자가 앞에 거짓말이지만 이 거짓말은 하얀 거짓말(좋은 거짓말, white lie)이기 때문에 지옥으로 보내지는 것으로부터 막아주소서'라고 하는 기원의 의미가 담겨 있습니다. 물론 어린이가 부모에게 하는 아래와 같은 대화도 거짓말을 들키지 않으려는 아이의 마음이 담겨져 있겠지요.

Who broke the window? You did, didn't you?
누가 유리창 깼어? 네가 했지, 안 그래?

No, I didn't. I've just come home.
(등 뒤에 크로스 핑거즈를 하면서)
아니야, 나 방금 집에 왔어.

이러한 상징성은 종종 미국 영화 안에서 숨은 코드로서 작동하는데, 대표적인 경우가 1998년 10월에 한국에서 개봉한 The Truman Show(투루먼 쇼, 감독: 피터 위어, 주연: 짐 캐리, 애드 해리스 등)에서 나온 '크로스 핑거즈' 장면입니다.

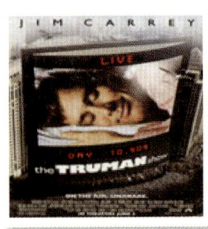 

잘 알다시피 트루먼 쇼는 '트루먼'이라는 남자의 삶을 태어날 때부터 방송하는 TV 쇼라는 플롯(Plot)을 가지고 있는데, 트루먼 본인만 모른 채 시청자에게 그의 삶이 그대로 노출된다는 다소 엉뚱하고 기발한 영화입니다. 그의 주변에 있는 사람, 사물들은 모두 설정된 인물(가짜 인물)로, 자신의 아내 심지어 '메릴'까지 가짜라는 사실이 밝혀

지는 과정 속에서, '크로스 핑거즈'는 매우 중요한 역할을 합니다. 그것은 아내 메릴에 대한 의심이 시작된 것이 트루먼이 결혼식 앨범을 보다가 아내가 '크로스 핑거즈'를 하고 있는 사진을 보고 난 후이기 때문입니다.

아내가 남편 몰래 '크로스 핑거즈'를 하고 있다는 의미는 "지금 내가 거짓말을 하고 있지만, 이건 다 시청자를 위한 거야, 다시 말하면 하얀 거짓말이지. 따라서 하나님도 용서해 줄 거야."라는 복합적인 의미를 담고 있는 것으로, 이 영화의 가장 강렬한 복선이 됩니다. 그런데 여기서 우리가 '크로스 핑거즈'의 의미를 알지 못한다면, 이 장면을 보고 짐 캐리가 단순히 지난 추억을 짖궂게 회상한다고만 느낄 뿐 다음 장면의 연결고리가 된다는 재미를 느끼지 못하겠지요.

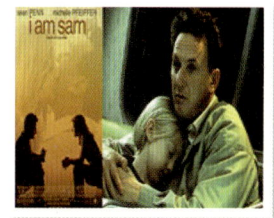

2001년도 나온 영화 '아이 엠 샘(I am Sam)'에서도 주인공의 심리적 상태를 디테일하게 묘사하는데 '크로스 핑거즈'가 사용되었습니다.

이 영화는 정신지체 아빠인 샘(숀 펜 연기)이 딸 루시에 대한 양육권을 얻기 위한 과정을 담은 내용입니다. '크로스 핑거즈'는 샘의 딸 루시의 양육권 심리 중 루시가 증언하는 장면에서 나옵니다. 여기서 루시가 몰래 손가락을 꼰 이유는 아빠인 샘에게 유리한 진술을 하기 위해 거짓말을 하고 있기 때문입니다. 앞서 방금 말했지만 미국 아이들은 거짓말을 할 때 종종 손가락을 꼬는데 이때 당연히 손은 보이지 않게 슬쩍 숨깁니다.

여기서의 '크로스 핑거즈'의 뜻은 "저는 아빠하고 있고 싶어요, 그래서 지금 거짓말을 하지만 하나님! 제발 도와주세요(이해해 주세요.)."라는 '루시'의 마음을 절실히 표현한 것이겠지요.

명철 그런 뜻이라는 걸 첨 알았네! 손가락이 잘 안 꼬아져! ㅋ 신의 가호 · 하얀 거짓말이라지만 왜 난 꼭 욕하는 표현처럼 보일까? ㅎㅎ

명광 ㅋㅋ 손짓 언어는 나라마다 매우 다르더라고요 우리에게는 안 좋은 것이 다른 나라는 좋은 의미를 담고 있을 수 있는 게 의외로 많더라고요.

Finger gestures
주의해야 할 손가락 제스처

옛날 어른들이 손자를 예뻐하는 방법 중에 손자보고 고추 따먹는 시늉을 하면서 "우리 손주 고추 따먹어 보자"라고 말을 하지요. 그러면 손자는 고추가 없어진 줄 알고 자지러지게 우는 그런 재미있는 상황이 연출됩니다. 물론 이것은 지극히 한국적 전통으로서, 미국에서는 이런 시늉을 하면 매우 큰일 난다는 것은 들어서 익히 아실 것입니다. 그것은 미국 부모들이 성희롱이라고 대번 경찰에게 신고하기 때문이지요. 실제로 이런 사건들이 LA에서 많이 일어났다고 합니다. 그런데 우리만 그런가요. 미국에도 이와 비슷한 짓궂은 장난이 있습니다. 그것은 어린 아이들의 코를 만지고 난 후, 검지와 중지 사이에 엄지를 넣는 동작을 하면서, 위와 같이 말을 하는 손짓 언어가 있습니다.

1) I've got your nose(ear).

이 모양은 글쎄, 한국에서 보면 매우 민망한 욕입니다.

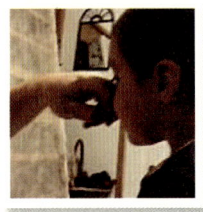 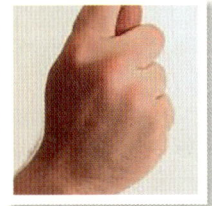

그러면 순진한 어린 아이들은 자기 코(또는 귀)가 없어졌다고 실제로 우는 경우가 있답니다. 한편 미국인이 우리 한국에 와서 어린 아이에게 귀엽다고 이렇게 한다면 우리 한국 사람들 어떻게 생각할까요? 아마도 똑같이 경찰을 부르겠지요. ㅋㅋ

2) V sign(Peace Sign)

V 자 표시는 "평화"라는 'sign(싸인)'을 의미하지요. 그래서 미국인이든 한국인이든 카메라만 보면 모두 V를 합니다.

그런데 우리 옆집에 사시는 분은 이 'V sign(V 싸인)'을 잘못하면 상대편에게 불쾌한 의미를 줄 수 있기 때문에 바르게 해야 함을 말씀하시더라고요. 옆집 사시는 분은 영국에서 공부를 하신 분이어서 같은 영어권이라도 영국과 미국의 문화가 차이가 난다는 것을 아시는 분입니다. 즉 영국에서는 손 등을 앞으로 향하게 한 후 'V 싸인'을 하면 상대편을 조롱하는 의미이며, 반대로 손바닥을 앞으로 보이게 하면서 V를 하면 "평화"의 사인이라고 하시더라고요.

미국도 같은 영어권이라 다르지 않을까하여 미국인 친구에게 물어보았더니, 손등을 앞으로 보이게 하던 안으로 향하게 하던 상관없이, 평화를 나타내는 사인이라고 말하더군요.

영국에서 손등을 보이면서 V 사인을 하는 것은 다양한 이름으로 불립니다. '두 손가락 인사(two-fingered salute), 궁수(활 쏘는 사람의 인사, The Longbowman Salute), 아깅코어트 인사(The Agincourt Salute)'가 그것인데요. 재미있는 것은 '롱바우맨 썰루트'나, '아깅코어드 썰루트'나 영국과 프랑스의 100년 전쟁과 관련이 있다는 사실입니다.

※ '아깅코어트'는 프랑스 북부 지역 '아쟁쿠르'지역이 영어 발음입니다. '아깅코우트'는 백년 전쟁 중 Henry V(헨리 5세)가 이끈 영국군이 프랑스군에게 승리한 고장입니다(1415).

V 싸인은 100년 전쟁(1337-1453)에서 프랑스 병사들이 영국 병사를 생포했을 때 활과 화살을 더 이상 쏘지 못하도록 이 두 손가락을 자른 데에서 유래했다고 합니다. 즉 손등을 밖으로 향하게 하면서 검지와 중지 손가락을 V하는 행위는 "이 손가락을 너희가 못 잘랐지!"라는 조롱이 담겨져 있다는 것입니다. 어떤 글에서는 반대로 영국 병사들이 프랑스 병사들의 손가락을 자르고 난 후 프랑스 병사들에게 "너희는 손가락이 없지?"라는 조롱의 뜻을 표시한 거라고도 합니다. 물론 어느 것이 맞는 이야기인지는 모르지만 말입니다.

3) Come to me! 내게 오라

제가 아직까지 적응이 안 되는 손짓이 있는데, 이것은 손바닥을 위로 하고 검지를 까닥까닥하는 제스처입니다. 한국인에게 이러면 상대편과 '싸우자'라는 의미로 받아질 수 있을 만큼 부정적 의미를 가지고 있지만, 여기에서는 단순히 상대편을 부르는 동작인 것입니다.

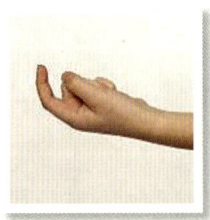 

골프를 가르치는 린 선생님이 이런 동작을 어느 날 제게 하였는데, '소탈하신 분이 나에게 무슨 불쾌한 일이 있었나?' 라는 생각이 들 정도로 굉장히 낯선 손짓 언어입니다. 나중에 알고 봤더니 그 선생님이 저에게 좋은 정보를 주려고 부르는 동작이더라고요.

동욱 손짓 몸짓모두 표현수단인데 조심해야겠네.~
명광 맞아요, 처음 이런 손가락질 ㅋㅋ을 받았을 때 매우 당황했어요. 그리고 아직까지 저는 이런 손짓을 하기는 조심스럽더라고요.
명철 상호간 문화의 차이므로 상대방을 이해해 주는 맘이 필요할 듯!
명광 맞아요. 먼저 그 나라 손짓 언어를 알고자 하는 마음이 먼저 필요해요.

I get butterflies
좌충우돌 영어 한마디

대구대학교 학생 중 한 명이 자신의 기숙사에 여러 가지 재미있는 문구가 있다고 문자로 보내왔어요. 그 중에 가장 처음의 문구가 참 인상적인데요. 처음 읽을 때는 참 이상해요.

HEY GIRL,
I GET BUTTERFLIES WHEN YOU RESPECT THE 24/7 QUIET HOURS.
이봐요 아가씨,
나는 네가 24/7의 조용한 시간을 존경할 때 나비를 가집니다.

이것이 무슨 말인지!

일단은 24/7이라는 말은 24시간 7일(매일 매시간 → 항상)이라는 뜻이며, 'RESPECT QUIET HOURS'이라는 뜻은 '남을 배려하여(RESPECT) 조용히 해 주다'라는 말이에요. 즉 '남을 배려하여 늘 조용히 해 주시면'이라는 뜻입니다. 그런데 이 말과 "겥 버터플라이즈(GET BUTTERFLIES)" "나비들을 얻는다."라는 말과 서로 연결이 되지 않아요. 보통 '버터플라이'는 "인 더 스터먹(in the stomach, 배안에)"이라는 표현과 함께 연결되어 쓰입니다.

예를 들어

I had butterflies in my stomach because of the exams(interview, boss)
시험(면접, 사장) 때문에 "내 배 안에 나비가 있어요."

와 같은 문장과 자주 연결이 됩니다.
즉 미국인들은 배 안에 나비가 날아다니면 그것도 한 마리가 아니라 여러 마리가 복작복작 대면서 날아다니면, "속이 부대끼거나, 걱정 때문에 마음이 두근거리나, 조마조마하다"하다고 느끼나 봐요. 그래서 이 뜻은 "긴장하다, 거북스럽다"라는 뜻으로 해석됩니다. 하지만 이런 뜻을 다른 말과 연결시키더라도 말이 이상해요. 즉 "이봐요 아가씨! 늘 조용히 해주시면 거북스러워요"는 아니잖아요.

여기서 주목할 것은 "내 배 안에 나비가 있다"의 뉘앙스는 상황에 따라 변한다는 거예요. 영어 구어 사전(http://www.urbandictionary.com)에 보면 위와 또 다른 긴장감에 대해 설명되어 있습니다.

An awesome feeling when someone you care about looks at you, stares at you or complements you; and you don't know what to do in that moment, except feel happy. It can be a physical feeling like a little tickle traveling up your stomach.

네가 관심이 있는 사람이 너를 쳐다보거나 칭찬을 할 때 느끼는 매우 좋은 awesome 느낌; 너무나 행복해서 어떻게 해야 될지 모르는 감정. 뱃속에 날아다니며 여행하는 약간은 간지럼(티끌, tickle)과 같은 물리적 느낌이라 할 수 있음.

He is so cute, every time he turns and looks at me I get butterflies in my stomach.

그가 너무 귀여워 매 순간 그가 돌아서서 나를 바라볼 때 내 배에 나비들이 날아요.

이 문맥에서 get butterflies는 한 마디로 말하면 '사랑 때문에 설렘'의 뜻을 가지고 있습니다. 상황에 따라 달리 쓰이는 거죠. 가만히 생각해 보면 '긴장'이라는 느낌은 스트레스를 받을 때도 긴장하지만 남을 사랑할 때도 '긴장'하게 될 수 있으니까 어찌 보면 미국인의 감정과 우리의 감정이 비슷하네요. 다시 돌아와서 아래 뜻은

HEY GIRL,
I GET BUTTERFLIES WHEN YOU RESPECT THE 24/7 QUIET HOURS.

'이봐요 아가씨! 남을 배려하여 늘 조용히 해주면 설렐 거야.' 또는 '아웅 사랑하고 말거야.'로 해석됩니다. 이 표현은 미국인들의 유행어이니까 "아웅 사랑하고 말거야"가 저는 더 마음에 드네요! ㅋㅋ

제가 구식이라 이렇게 표현했는데, 적당한 한국의 유행어는 없나요?

※ 기숙사에 이 이외에 걸려있는 재미있는 문구

 명철 우리 삶 속에 계속 나비가 날아 다녀야 하나? ㅋㅋ
명광 좋은 나비가 날아다니면

85

Paralysis over analysis
너무 분석하지 마세요

마비 paralysis
분석 analysis
눈 optical
환상 illusion
날개 feathers
공을 치다 impact

    오늘은 우리를 가르치는 골프 선생님이 자주 사용하는 영어 표현들 중 몇 가지만 말해 볼게요. 우리를 가르치는 선생님은 나이가 50대 중반 정도 되시는 분이신데 골프의 기술만이 아니라 골프에 대한 철학 그리고 여기에 담긴 인생 철학을 우리에게 전해주려고 무지 노력하시는 분입니다. 재미있으신 분이에요. 여기에 골프를 가르치실 때마다 그분이 자주 쓰는 표현을 올립니다.

    Paralysis over analysis 너무 분석하지 마세요. 분석 많이 하면 몸이 굳어요.
    *paralysis [퍼랠러시스] : 마비   analysis [어낼러시스] : 분석

    민욱 엄마나 저나 Lynn 선생님이 가르쳐 준 골프 기술들이 몸에 익숙하지 못하여, 늘 그 기술들을 따로 따로 분석하여 생각하려고 합니다. 그 때마다 영락없이 공은 하늘로 날아가는 것이 아니라 밑으로 데구루루 굴러 갑니다. 인생도 그런 거 같습니다. 생각을 너무 많이 하면 일이 잘 진척이 안 돼요. 한국에서 공이 데구루루 돌아가는 모양을 보고 이 touring golfers 프로 골퍼들은 worm burner 머리에 불꽃이 붙은 벌레들이 뛰는 모습이라고 하며 웃는다고 합니다. 족보 있는 영어예요.

    Let it go 공이 그냥 굴러가게 내버려둬.
    That will play 공은 알아서 갈 거야.

    친 공이 멀리 갔나 그렇지 않나 보려는 욕심에, 우리 집 식구들은 고개를 빨리 드는데 이 때 린 선생님이 우리에게 자주 하는 말입니다. 우리 인생도 알아서 그냥 가게 내버려 두어야 하는데, 너무 앞서 생각하고 염려하네요.

    Easy and Lazy! 편하게 그리고 게으르게!

민욱 엄마와 제가 공을 치려는 욕심에 손목, 어깨 등에 잔뜩 힘이 들어갈 때 듣는 말입니다. "편하게, 가볍게 그리고 눈에 졸린 듯이 치고자" 마음먹어야 공이 멀리 나간다고 말씀하십니다. 갑자기 이순신 장군의 말씀이 생각나네요. ㅋㅋ

살려고 하면 죽고 죽고자 하면 산다!

Optical illusion! 눈의 환상이야! (눈의 오해야, 실제와 보이는 것은 달라.)

이건 다양한 상황에서 듣는 말입니다. 곧 공을 치기 위해 공의 중간 면에 골프 클럽을 놓을 때, 그라운드의 홀(구멍)에 퍼터로 공을 집어넣으려 방향을 잡을 때, 목표한 지점에 공의 방향을 잡을 때 등 우리 눈으로 보기에 방향을 잘 잡았다고 생각하지만, 실제로는 방향이 다르다는 점을 지적할 때, 이 말씀을 하십니다. 우리말에 "보이는 것이 다가 아니다"와 비슷한 말이네요.

Effortless Power! 가벼움의 힘!

공을 멀리 치기 위하여 몸 전체에 힘을 주면, 정작 공은 멀리 나가지 못한다고 말씀하십니다. 이 말의 뜻을 '가벼움의 힘'이라고 하였지만, 이를 한국어로 표현하기는 조금 어려워요. '에퍼틀리스'라는 말 자체는 "노력하지 않는다."의 의미이지만, 부단한 연습의 결과로 이루어지는 "가벼움"이기 때문이지요. 그리고 그 "가벼움"은 또 '깃털'과 통합니다. 이러한 가벼움에 대하여 린 선생님은 아래와 같은 말도 자주 하시기 때문이지요.

Impact the ball like feathers. 깃털과 같이 공을 쳐라.

이 뜻은 "나비처럼 날아서 벌처럼 쏘아라!"와 통할 듯 ㅋㅋ 아무튼 린 선생님을 만나면 "일타삼피"합니다. 골프도 배우고, 인생도 배우고, 영어도 배우고.

명철 데구루루... 우리는 뱀샷이라 하네! 그림에도 나와 있잖아. 일타삼피로 삶을 즐겁게.
명광 웜버너를 한국말로 그대로 번역하면 벌레 부르스타 또는 바나 입니다. 불을 붙이는 부르스타 또는 바나 말이에요. ㅋㅋ 얘 하고 닮았네요. ㅋㅋ 너무 뜨거워 물수제비처럼 잔디를 통통 튀어 다니는 모습을 그렇게 표현합니다.

86

Hang out
철수야 노올자!

hang out은 미국인들이 아무데서나 그리고 아주 많이 사용하는 말로, 그 뜻이 매우 다양할 뿐만 아니라, 환경에 따라 적절하게 사용해야만 하는 단어입니다. 그래서 그 사용 환경을 모르는 한국 사람들은 자주 듣더라도 여간해서 사용하기 어려운 단어입니다.

오늘은 '놀다'의 의미로 '행 아웃'을 사용하는 환경을 말해 볼게요.

(1) Do you wanna hang out this weekend?
이 번 주말에 나가 놀래?(단순한 친교 모임)
(2) I'm just gonna hang out at home tonight.
오늘 밤엔 집에서 뒹굴뒹굴할래.(혼자 휴식 취하기)
(3) I used to hang out a lot at that park when I was a kid.
내가 어렸을 적에 그 공원에서 많이 놀곤 했다.(자주 가는 장소에서)
(4) Can you just hang out for a second while I get ready?
내가 준비될 동안 잠깐 쉬고 있을래?(휴식을 취하면서 기다리기)

위 표현은 '많은 계획이나 노력이 요구되지 않는 어떤 것을 행한다.'는 의미를 가지고 있습니다. 쉽게 말하면 친구와 만나서 (우정을 쌓기 위해) 노닥노닥 거리며 시간을 보내는 행위나 집에서 빈둥빈둥, 뒹굴뒹굴 놀 때 이 용어를 사용할 수 있습니다.

민욱이는 아래와 같이 친구들로부터 문자를 자주 받는데, Why don't you hang out with me? "민욱아 (심심한데) 놀자"정도의 의미예요. 그런데 "놀자"를 문자 그대로 번역하여 Why don't you play with me? 라는 표현을 사용할 수 있지만, 민욱이 또래에서는 잘 사용하지 않는 말입니다. 쓸 수는 있지만 왕따 당할 수 있는 말이거든요.

왜냐하면 play는 보통 악기를 다룰 때 사용하거나, 어릴 적 소꿉놀이를 할 때 친구들에게 놀자고 하는 말이기 때문입니다. ㅋㅋ 한편 상대방에게 '행 아웃'이라고 말할 때는 남녀 간에 로맨틱하게 만나고 사귀려고 하는 소위 date를 하자고 상대방에게 조심스럽게 말을 건넬 때에도 사용할 수 있습니다. 이는 상대편에게 진지하게 '사귀자'라는 말을 하기 어려울 때, (예컨대 처음 만나거나 상대방이 부담스럽게 여길 것 같은 상황에서) '행 아웃'을 씀으로써 자신의 의도를 숨길 때 표현하는 말이기도 합니다. 이 때문에 이 단어는 문화적 이해가 상당히 요구되는 표현이라고들 합니다.

이 "간보기 놀자(제가 지어낸 말 ㅋㅋ)"는 주로 아래와 같은 표현의 의미입니다.

> Do you wanna hang out next weekend? 주말에 우리 놀까?
> Let's hang out on Saturday. 토요일에 (밖에서) 놀자.

그런데 좀 더 강한 표현의 '데이트하다'는 hang out 대신에 go out을 씁니다. 이 표현 자체의 뜻은 '밖에 나가다'이지만 이성 친구를 사귈 목적으로 나가는 경우에 주로 사용합니다. 데이트의 바로 전 단계 표현이라 할 수 있지요.

> I am going out with him. 나는 그와 사귀고 있어.
> Do you want to go out with me? 사귈래?
> Sammy is going out with Michael. 쌔미는 미쉘과 사귀어.

위를 이해하면 아래와 같은 말들의 의미를 알 수 있습니다.

> Are you hanging out or going out with her? 그냥 놀러 가는 겨 데이트 하러 나가는 겨?
> I just hung out with him but not went out in there. 그냥 거기로 놀러갔을 뿐 데이트 한 건 아녜요. (그냥 친한 친구 사이일 뿐이에요. – 어디서 많이 들어보지 않았나요? ㅋㅋ)

Hang out의 유래는 다음과 같습니다.

(1) 1840년대의 어슬렁거림(1840'S LOITERING) :
19세기 중반 경제 공황 시절에 아무것도 안하면서 단순히 상업지(백화점, 은행, 쇼핑몰 등) 앞에서 어슬렁거리는 아이들을 표현한 말로 다분히 '경멸적이면서 부정적인 용어(derogatory/negative term)'였다.

(2) 공작/친족 그리고 깃발 :
과거 봉건족 통치자(공작, 기사 등)들이 자신의 집에서 친교 모임을 하고 있음을 알리는 표시로 깃발을 밖에 내 거는 행위.

(3) 공개처형(PUBLIC EXECUTIONS) :
아주 오래 전에 방영했던 '처형(hangings)'이라는 현대 오락 TV 프로그램으로, 사람들이 오락과 휴식을 취하면서 모여 앉아 이 프로그램을 시청한 데서 연유하였다.

참고로 민욱이는 hang out 이라는 문자를 받았지 go out 이라는 문자는 받지 않았답니다. ㅋㅋ.

87

Hang out
뭘 내다 걸어?

빨랫줄 clothesline
빨랫감 washing
말리다 dry
양지 sunny spot

다음에 'hang out'은 문자 그대로 해석하여 "밖에다 무엇을 걸다"의 의미로도 자주 사용됩니다. 즉 '행'(걸다), '아웃'(밖에다)의 의미 그대로 해석된다는 것이지요. '밖에다 무엇을 거는 행위'로 주로 빨래 줄에 세탁물을 널거나 빨래 줄에 걸려 있는 모양을 의미합니다.

I would like to hang out the washing now on a clothesline to dry in a sunny spot.
햇볕에 말리기 위해 빨랫줄에 지금 빨래를 널고 싶다.

이와 관련하여 Let it all hang out이란 말이 있습니다. 이 뜻은 "남을 생각하지 않고 솔직하게 이야기를 하다", "편하게 쉬다", '다 들어내다'등의 의미를 가집니다.

옥스퍼드 사전

다른 사람들이 어떻게 생각하는지를 신경 안 쓰고 부끄럼 없이 행동하는 것 (to behave freely without being shy or feeling worried about what other people will tink of you)

표현

(1) If you cut that fancy footwork out, I'll let it all hang out, too.
당신이 교묘하게 말꼬리를 돌리지만 않는다면 나도 솔직히 털어놓겠소.
(2) But after they go, I can let it all hang out. Bear with me until then.
그들이 가고 나면 솔직히 말할 수 있을 거야 또는 편하게 쉴 수 있을 거야. 그때까지만 참아줘.

"모든 것을 밖으로 내걸다"라는 의미를 추상적으로 해석하면, 내 마음 속에 있는 것들을 밖으로 표현하는 것도 일종의 "행 아웃"에 해당되겠지요. 그래서 내 마음 속에 있는 전부를 끄집어내 남에게 표현하는 것 "렡 잍 올 행 아웃"이 '솔직하게 말하다, 숨기지 않고 그대로 드러내다'의 의미가 될 수 있습니다. 여기에 더 나아가 '편하게 쉬다, 자기가 좋아하는 것을 그냥 하다'등의 의미로 확대될 수 있습니다.

이러한 의미가 담긴 유명한 노래가 있는데요, 노래 제목도 "Let It All Hang Out"입니다. 1966년도에서 1969년도에 활동한 홈브리즈(Hombres) 락 그룹(우리 옆 동네 미국 테네시 주 멤피스에서 활동한 가수들이라 정감이 좀 있음)의 앨범 제목이 바로 Let It All Hang Out입니다. 일단 음악을 들어보세요.

Let it all hang out(The hombres)을 들어보세요.
https://youtu.be/XWN65nAkk20

가사 중 하나를 해석해보면 다음과 같습니다.

> 하수도 표지판 옆 주차 금지 No parkin' by the sewer sign
> 핫도그, 면도기 부러졌어 Hot dog, my razors broke
> 수도꼭지 물이 뚝뚝 흘러 Water drippin' up the spout
> 근데 난 신경 안 써! 그냥 그대로 내버려 둬! But I dont care, **let it all hang out**

다시 돌아와서, hang out의 의미는 어제 말한 '밖에서 나가 놀다'와 오늘 말한 '널다, 걸다'인데, 이 두 의미 모두 자주 사용됩니다. 한편 '행 아웃'은 '아웃(out)'이 생략된 채 말을 할 수도 있습니다.

공원에서 친구들과 놀고 있어요. "I'm hanging with my friends at the park."

하나 더 "행 아웃"은 '목을 매달다'의 의미도 있습니다. 좋은 의미가 아니어서 짧게 씁니다.

 명철 젊었을 땐 밖에서 노는 게 좋지만 늙어 갈수록 집에서 모든 걸 해결하려고 하네! 행 아웃은 젊은이들의 몫!
명광 그러네요, 어른들은 놀자는 말 잘 안 하네요. "술 한 잔 하세." 나 "저녁이나 먹세."라고 하겠네요. ㅋㅋ.

88

At late night wife
웃고삽시다

아름답다 beautiful
100% 충전 battery full
안경 spectacles
심장마비 heart attack

우리 집과 친한 머레이 대학교 여자 교수님께서 카톡으로 보내주신 재미있는 글들입니다.

At late night wife's mobile beeps.
Husband checks her mobile and gets angry. He wakens his wife.
Husband (angrily): who is this person saying beautiful???
Surprised wife checks her mobile.
Wife (double angrily): heyyy... use your spectacles. It is not beautiful.
           It is battery full.

늦은 밤 아내의 핸드폰이 진동으로 울렸다.
남편은 그 핸드폰을 보더니 화가 나 아내를 깨웠다
남편(화가 나서) : 대체 어떤 놈이 '뷰유티풀'이라고 해?
놀란 아내가 핸드폰을 보았다.
아내(더 화가 나서) : 으이구!, 안경 좀 써 '뷰우티풀'이 아니잖아.
           '배터리풀'이잖아.

Hubby: Call Ambulance! I'm having a heart attack.
Wife : Okay! Give me your mobile password
Hubby : Its okay, I'm better now!!

남편 : 앰뷸런스 좀 불러줘. 심장마비인거 같아요.
아내 : 알았어요! 핸드폰 비밀번호 좀 불러줘요.
남편 : 저 다 나았어요!

7 Cardinal Rules For Life
생각을 만드는 말

머레이 교수님께서는 재미있는 말도 많이 보내 주시지만, 한 번쯤 생각하게 하는 글도 자주 보내 주십니다. 이 중에 한 개를 골라 여기에 써 볼게요.

7 Cardinal Rules For Life 삶을 위한 7가지 기본 원칙

1) Make PEACE with your PAST
과거와 평화 협정을 맺자.

So it doesn't spoil your present. Your past does not define your future - your actions and beliefs do. 그래서 더 이상 과거가 현재를 망치지 말게 하자. 과거는 미래를 결정짓지 않는다. - 실천과 믿음이 미래를 만든다.

2) What other people THINK of you is none of your business.
다른 사람이 나를 어떻게 생각하는지 신경 쓰지 말자.

It's how much you value yourself and how important you think you are. 중요한 것은 내가 내 가치를 얼마나 높이는가와 나를 얼마나 소중히 여기는가이다.

3) Time HEALS almost everything, give time, time.
시간을 두면 거의 모든 것들이 치유된다. 그 치유의 시간을 갖자.

Pain will be less hurting. Scars make us who we are; they explain our life and why we are the way we are. They challenge us and force us to be stronger.
아픔이 누그러들 것이고, 그 상처는 내가 진정 누구인지를 알게 해준다. 시간은 우리의 삶과 왜 내가 이러한 삶을 살게 되었는지를 알려준다. 정해진 시간은 나를 도전케 하며 또한 나를 좀 더 강하게 만들 것이다.

4) No one is the reason for your own HAPPINESS except you yourself.

나 이외에 행복을 책임질 수 있는 사람은 아무도 없다.

Waste no time and effort searching for peace and contentment and joy in the world outside. 시간을 낭비하지 말고, 내가 살고 있는 이 세상에서 평화와 만족 그리고 기쁨을 찾는데 노력을 기울이자.

5) Don't COMPARE your life to others.

내 삶과 남을 비교하지 말자.

You have no idea what their journey is all about. If we all threw our problems in a pile and saw everyone else's, we would grab ours back as fast as we could. 다른 사람의 인생이 어떤 것인지 우리는 알지 못한다. 타인의 문제를 보게 될 때 내가 고민하는 많은 문제는 아무것도 아님을 알 수 있을 것이다.

6) Stop THINKING too much.

너무 생각하지 말자.

It's alright not to know all the answers. Sometime there is no answer, not going to be any answer, never has been an answer. That's the answer! Just accept it, move on, NEXT! 모든 것에 답이 있는 것이 아님을 당연하게 받아들이자. 답이 없는 것은 이전에 답이 없었거나, 앞으로도 없거나, 지금까지 없었던 것이기 때문이다. 이것이 답이다. 답이 없음을 그대로 받아 드리고, 다음으로 나아가자.

7) SMILE, you don't own all the problems in the world.

웃자. 세상의 모든 문제를 짊어지려 하지 말자.

A smile can brighten the darkest day and make life more beautiful. It is a potential curve to turn a life around and set everything straight

웃음은 가장 어두울 때 가장 밝은 빛을 주고 내 삶을 좀 더 아름답게 만들어 준다. 웃음은 내 삶을 바꾸어 올바르게 나아가게 해 줄 전환점이다.

The tale of two wolves
오래된 체로키의 전설

제가 한국에서 안 하던 몇 가지 일이 있습니다. 우선 '담배 중단, 축구하기, 비 오는 날 차 청소하기, 미국 문화 경험 글쓰기' 등 여러 가지가 있습니다. 여기에 더하여 '교회 다니기'가 있는데요. 민욱 엄마와 제가 가는 교회는 한인들이 모이는 자그마한 교회로, 민욱이가 교회에서 찬송가 반주를 하는 덕분에 우리도 매주 나가고 있습니다. 교회에 대해서 잘 모르지만 목사님께서 매주 인상 깊은 설교를 종종 하시어 재미 반, 민욱이 볼모 반(ㅋㅋ)으로 나갑니다. 목사님께서 몇 주 전에 체로키 인디언 전설 중 하나인 "두 늑대"에 대한 이야기를 설교 시간에 들려주셨습니다. 무언가 생각을 하게끔 만드는 이야기라 인터넷에서 찾아보았습니다. 여러 가지 버전이 있더라고요. 한국의 전설도 내용은 비슷하지만 전개하는 과정이 약간씩 다른 것들이 있잖아요. 이 중 한 개의 버전을 소개하겠습니다.

> The tale of two wolves 두 늑대 이야기
>
> An old Cherokee legend 오래된 체로키 전설
> An old man was teaching his grandson about life. 한 노인이 손자에게 삶에 대하여 가르치고 있었습니다.
> 'There is a fight that goes on inside all of us' he said. "우리 모두는 마음속에서 싸움이 일어나고 있단다." 그 노인이 말을 했습니다.
> It is a terrible fight.... 매우 치열한 싸움이지.
> ..And It is between two wolves. ...그리고 그건 두 마리 늑대 사이에서 벌어지는 싸움이란다.
>
> One is evil 이 중 한 마리는 사악해.
> he is anger 그는 화
> envy 시기심
> sorrow 슬픔

regret 분노
greed 욕심
arrogance 거만
self-pity 자기 연민
guilt 죄
resentment 분노
inferiority 열등감
lies 거짓말
false pride 거짓 자부심
superiority 우월감
and ego. 그리고 자기도취에 빠져 있지.
Then the old paused 그리고 그 노인은 잠시 멈추고 난 후

he continued.... 계속해서 말을 하였습니다.

The other is good 다른 하나는 선하단다.
he is joy 그는 기쁨
peace 평화
love 사랑
hope 희망
serenity 맑음
humility 겸손
kindness 친절
benevolence 자비심
empathy 동정
generosity 너그러움
truth 진실
compassion 연민

and faith. 그리고 믿음을 가졌지.

The same fight is going on inside you my son 그런데 똑같은 싸움이, 내 손자여!, 네 안에서도 벌어지고 있단다.

and inside every person, too. 그리고 모든 사람들에게도 역시 똑같단다.

The grandson thought about it for a moment 손자가 잠시 동안 생각하더니
then asked his grandfather 할아버지에게 물었습니다.
Which wolf wins? 어떤 늑대가 이기나요?
The old man said quietly 그 노인은 조용하게 말해주었습니다.
The one you feed. 그야 네가 먹이를 주는 쪽이 이기지.

 명광 '두 늑대 이야기'의 동영상입니다. 꼭 눌러 보세요. ㅋㅋ
https://www.youtube.com/watch?v=Cch7Uik6GOk

Apple Belly
우리 가족 '사과 배'를 걱정해요

요즘 민욱 엄마가 걱정하는 것은 미국 와서 점점 살이 찐다는 거예요. 주로 육식을 하고 야채를 잘 안 먹으면서 운동을 안 하는 미국 문화를 따라하지 않으려 해도, 알게 모르게 영향을 받게 되나 봅니다. 저는 물론 미국 문화에 너무 적응을 잘 한 나머지 한국 남산이 아니라 스모키 마운틴(테네시 주에 있는 스모키 산) 배가 되어 가네요. 흑흑 (그래도 민욱 엄마만큼은 걱정 안합니다. ㅋㅋ) 그래서 이번 학기에 운동을 좀 하려고 마음먹습니다. 골프는 운동이 조금밖에 안 되어서 한인 학생들이 하는 축구와 교내 운동 센터에서 운동을 꾸준히 하려고요. 물론 작심삼일 될 수도…….

오늘은 자주 미국인들 사이에 이야기 소재가 되는 똥배와 관련된 영어 표현을 한번 말해 볼게요. 먼저 영어로 똥배(올챙이 배)를 표현하는 말은 apple belly, beer belly, potbelly, spare tire, paunch, abdominal fat 등 여러 가지가 있습니다.

저는 '똥배'가 나왔다라고 말을 할 때는 '애플 벨리', '비어 벨리'라는 말을 많이 씁니다. '애플 벨리'는 말 그대로 '배'가 '사과의 볼록한 부분의 모양과 닮았다'고 하여 생긴 말입니다. 그런데 한국 사과는 동글동글 예쁘잖아요. 미국 사과는 우리나라 사과와 달리 볼품이 별로 없고 위가 볼록 아래는 짤록한 모양인데 이 모양이 딱 배 모양과 닮았어요. (못 볼 걸 보여 드려서 죄송. 하지만 제 배는 아닙니다. ㅋㅋ)

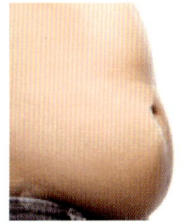

'비어 벨리'라는 말은 잘 알다시피, 맥주를 많이 먹으면 아랫배가 나온다는 데에서 연유한 말입니다. '팟 벨리'의 '팟'은 '냄비, 항아리'라는 뜻이지만 지금 현재 사용하는 '냄비'가 아니라, 옛날 서부 시대 때 사용하던 '항아리'모양의 '냄비'인데 '똥배'와 닮았지요.

'스페어 타이어'도 재미있는 말인데요. 똥배를 두 손으로 만지면 꼭 타이어 모양이 됩니다. 그래서 '똥배'를 비유적인 말로 '스페어 타이어'라고도 합니다.

사전에 보니까 '폰치'라는 말도 '똥배'라고 하는데 저는 아직 이 말은 못 들어보았어요. '앱다:미널 팻'의 '앱다:미널'은 복부라는 뜻이며 '팻'은 '지방, 비만'이라는 뜻을 가지고 있습니다. 즉 '복부 비만'이라는 말이지요.

한편 '애플 벨리'의 비만과 달리 pear belly라는 또 다른 유형의 비만이 있습니다. '페어'는 먹는 배로 역시 한국의 배 모양과 전혀 다릅니다. 그런데 '애플'은 위가 풍뚱한 반면 '페어'는 아래가 풍뚱하여 '애플 벨리'와 달리 '페어 벨리'는 주로 엉덩이 부분이 과도하게 살이 찐 '비만'을 의미합니다. 한국에서는 이런 유형의 비만은 상대적으로 드문 반면 미국인들은 이런 비만이 매우 흔합니다.

'비만'을 과일과 비교한다는 것이 참 이상하기도 하지만, 직접적으로 '너 살쪘다'라고 말하는 것보다는 애교스런 표현이지요.

'옆구리살'의 미국 표현도 애교 덩어리입니다. love handles 즉 우리말로 해석하면 '사랑의 손잡이'이기 때문이지요. 사랑하는 사람끼리 서로의 허리를 감싸 안을 때 손잡이처럼 이 옆구리를 잡는다 하여 '러브 핸들즈'라 불리운 것입니다.

오늘 교내에 있는 웰리스 센터의 회원권을 끊어, 민욱 엄마와 저는 운동을 하였습니다. 저는 six pack abs 왕자 복근, 민욱 엄마는 smooth curve, S라인을 목표로 하면서 말입니다.(꿈이 너무 크나???)

 명광 씩스 팩은 왕(王)자 근육이 맥주 6개 들이 한 묶음의 모양과 닮았다고 하여 붙여진 이름입니다. abs(애브즈 복근)은 '앱다:미널 머슬즈'(abdominal muscles, 복부 근육들)의 약자입니다.

92

Get a nose job
코 직업을 얻다?

성형수술 plastic surgery
미용성형수술 cosmetic surgery
복원성형수술 reconstructive surgery

우리가 알고 있는 흔한 말들은 대개 여러 가지 의미를 함께 담고 있습니다. 'get a job'의 job도 그 중에 하나입니다. '잡'의 가장 주된 뜻은 '직업'이며 여기에 get '얻다'가 합해지면 '직업을 얻다'가 됩니다. 그리고 이 표현은 취업이나 구직의 일반적인 맥락에서 흔히 사용됩니다. 그런데 이것이 병원이나 수술 맥락에서 사용되면 전혀 다른 표현이 되는데 그것은 '성형 수술을 하다'라는 뜻으로 바뀌어 버린다는 거예요. 성형 맥락에서 사용되는 '잡'은 보통 그 앞에 nose '코', lip '입'과 같이 고정된 신체의 특정 부위가 나타나서 성형 수술이라는 의미를 좀 더 명확하게 합니다.

Getting a nose job is really painful.
코 성형 수술은 매우 고통스럽다.

만약 위에 nose가 없게 되면 그 뜻은 '직업을 얻는 것은 매우 힘들다, 성형 수술은 매우 힘들다'와 같이 두 가지로 해석됩니다. 사용되는 맥락에 따라 이 둘 중 하나로 해석된다는 것이지요. 성형 수술은 영어로 plastic surgery라고 합니다. 여기서 '플래스틱'은 우리가 잘 아는 '플라스틱'입니다. '플라스틱'이라는 말이 한국에서는 석유를 원료로 만들어진 딱딱한 제품으로 한정되어 있지만- 플라스틱 장난감, 플라스틱 그릇 등 - 실은 그 의미가 매우 큽니다. 우선 딱딱하지 않은 것도 '플라스틱'일 수 있습니다. 잘 아시겠지만 우리가 말하는 '비닐'도 plastic bag이라 하여 '플래스틱'이란 말을 씁니다 (미국 사람 '비닐'하면 못 알아들어요). 그런데 '플라스틱'이란 원래 '석유 원료 제품'이란 뜻이 아니라 그리스어 '플라스티코즈(plastikos)'라는 단어에 기원을 둔 '모양을 만들다 또는 형태를 만들다'와 같이 '주조, 성형'에 더 초점이 가 있는 말입니다. 즉 석유를 화학적으로 전환시킨 재료들이 그 주조 형틀에 따라 그 모양이 자유자재로 바뀌기 때문에 이로 만들어진 것을 플라스틱 제품이라고 통칭한다는 것이지요. 따라서 성형 수술의 '플라스틱'의 의미는 '모양을 바꾸다'의 의미가 강조된 단어입니다.

전해지는 바에 따르면 성형의 첫출발은 기원전 600년 경 인도라고 합니다. 당시 인도에서는 얼굴 중앙에 위치한 코를 권위의 상징으로 생각했기 때문에 죄에 대한 징벌 형태로 코를 잘라 수치심을 느끼게 하는 관습이 있었습니다. 이로 인해 없어진 코를 재건하는 성형수술이 일찍부터 발달했습니다. 그런데 고대 인도에서 시작된 성형기술은 서쪽, 페르시아 및 그리스, 로마로 전해지면서 전세계로 확산되며 발전했습니다. 하지만 현대적 의미의 성형 수술 개념이 자리잡은 것은 세계1차 대전 당시에 부상당한 군인들의 자존감을 세워주기 위하여 신체의 일부분을 이식하고 복원했던 때부터입니다. 에고! 이야기가 번져 죄송합니다. 다시 가볍게 돌아와서 이러한 '플래스틱 써r저리'는 예뻐지기 위한 cosmetic surgery와 화상을 입었거나 다쳤을 때 하는 reconstructive surgery로 나뉩니다. 여성분들이 주로 잘 아는 용어 cosmetics (화장품)에서 연유한 '카:즈메틱 써r저리'는 보험 적용이 안 되기 때문에 한국과 마찬가지로 수술비용이 비쌉니다. 2013년도 성형수술미국연합회(American Society of plastic surgeons)의 평균 수술비용을 보니까 아래처럼 비싸더라고요.

> nose job/rhinoplasty(코 수술): 평균 $4545 (약 500만원)
> chin implants(턱 수술) : 평균 $1942(약 200만원)
> breast/pectoral implants(가슴 수술) : $4505(약 500만원)
> double eyelid surgery(쌍꺼풀 수술) : $2818(약 300만원)
> botox(보톡스(: $380(약 40만원)

좀 가격이 비싸지요. 한편 위에서 '코 수술'을 nose job이라고도 하지만, 전문 용어로 rhino(코뿔소)와 plasty(주물 형틀)가 합쳐진 '라이너플래스티'라고도 말합니다. 코뿔소의 코가 길고 딱딱하잖아요. 그래서 이와 같이 코를 세우는 행위를 코 성형수술이라 하나 봅니다. 하지만 코뿔소 모양의 코 플라스틱을 그대로 주조하여 붙이면. ㅋㅋ

더불어 한국에서 소위 implants라고 말하는 것은 '치아'이식만을 지칭하지만, 미국에서는 신체 부위에 이식하는 것들은 죄다 '임플랜츠'라고 부릅니다. 그나저나 한국의 성형 수술은 얼마하나? 민욱 엄마는 나이 들어서 몇 군데 손본다고 하는데, 값 좀 알아봐야 하는데.

명철 우린 부모님께서 잘 낳아주셔서 돈 벌었다! ㅋㅋ
유미 쌍꺼풀 수술비가 엄청 비싸네요. 300만원 덜덜

93

Plastic Age
플라스틱 시대가 도래하다

19세기 중반 경 덴마크 고고학자 Christian Jurgensen Thomsen의 도구 제작 재료 중심의 시대 구분에 따라, 선사 시대를 Stone Age 석기 시대, Bronze Age 청동기 시대, 그리고 Iron Age 철기 시대로 나눈 이후로, 지금까지 삼 시대 구분법이 보편화되었습니다. 하지만 최근에 들어 이러한 톰센의 틀을 현재 시대까지 확대하려는 시도가 활발해졌습니다. 그 중심에는 무한한 변신이 가능한 합성 재료(synthetic materials) 즉 '플라스틱'의 발명 때문으로 철기 시대 이후를 The Age of Plastic 플라스틱 시대로 정의하자는 것입니다. 이 용어가 지나친 감은 있지만 현대 우리 일상생활 주변의 대부분이 플라스틱 제품이며 이로 인해 변한 일상생활을 감안하면 그리 과장된 말은 아닌 듯싶습니다.

20세기 초에 미국에서는 당구가 유행을 했지만 그 당시 당구공의 재료로 쓰이던 것은 상아였습니다. 그래서 수요를 공급이 못 따라가자, 상아를 대체할 수 있는 당구공을 개발하려는 노력들이 많이 있었습니다. 이런 맥락으로 1907년 벨기에 출신 미국 이민자 Leo Baekeland가 발명한 bakelite는 페놀과 포름알데히드로 만든 최초의 합성 플라스틱입니다. 온도, 습도 변화에 별 영향을 받지 않고 전기가 통하지 않는 '베이클라이트'는 당구공뿐만 아니라 전선 피복, 전화기, 커피메이커 등의 소재로 급속히 보급되었습니다.

한국에서는 흔히 '비닐'이라 칭하는 것을 여기에서는 plastic bag이라 부릅니다. '플라스틱 백'은 한국의 그것과 비교하여 아주 잘 찢어집니다. 그 이유는 미국에서도 환경오염에 대한 인식이 점차 높아져서, 식품이나 쓰레기를 잘 썩고 잘 찢어지는 비닐로 대체하고 있기 때문이지요. 그래서 월마트나 크로거 등 대형 마트에 가면, 잘 찢어  지는 비닐을 주기 때문에 물건을 많이 담을 수 없습니다. 플라스틱 백에 두 세 개 정도를 넣으면 찢어질랑말랑 합니다. 그런데 아이러니한 것은 환경을 생각한다면서 정작 쓰레기 플라스틱 백에 음식물을 분리 하지 않고 다른 쓰레기와 함께 넣는다는 것입니다. 하긴 둘을 분리하지 않아도 될 정도로 땅덩이가 워낙 넓으니까. 그래도 그렇지 ^^!

94

Plastic
또 다른 이야기

신용카드 plastic card
유연성 plasticity
유연한 마음 plastic minds of children

plastic card 란 단순히 '플래스틱'으로 만든 카드라는 뜻이 아니라, credit card라는 말입니다. 신용카드가 플라스틱으로 만들어져서 그렇겠지요. plastic money라는 말도 '플라스틱 돈'이란 뜻이 아니라 신용카드라는 말입니다. 더 나아가 아예 카드나 머니를 뺀 '플래스틱' 자체만으로도 신용카드라는 표현이 됩니다.

I borrowed my dad's plastic and bought an aircraft carrier on eBay
나는 아버지 신용카드를 빌려 여행용 가방을 이베이에서 샀다.

플라스틱 카드가 신용카드인 이유는 물론 플라스틱으로 만들어졌기 때문에 그렇기도, 하지만 여기에는 사연이 있습니다. 간단히 이야기하면 다음과 같습니다.
1949년도에 시카고의 사업가 프랭크 맥나마라는 미국 뉴욕의 한 레스토랑에서 손님들을 초청하여 저녁식사를 대접하였습니다. 식사가 끝난 후 음식 값을 내려고 지갑을 찾았으나, 깜빡 잊고 지갑을 집에 두고 나왔음을 알게 되었습니다. 종업원이 믿어 주지 않아 크게 망신을 당한 맥나마라는 부인이 와서 음식 값을 지불한 뒤에야 레스토랑을 나올 수 있었습니다. 자신을 믿어주지 않은 레스토랑을 보고 현장에서 현금을 지불하지 않고도 음식을 먹을 수 있는 방법을 찾았습니다. 이듬해 1950년, 그의 동료 친구들 200명과 함께 돈을 내지 않고도 레스토랑을 이용할 수 있는 단체인 Diner's Club(외식 모임)을 만들었습니다. 그리고 그 회원임을 증명하기 위해 플라스틱 카드를 나눠줬는데 바로 이것이 현재 신용카드의 유래입니다. 이후 1951년 카드 전문회사인 다이너스 카드가 설립되면서 비로소 신용카드가 본격적으로 출현하였습니다.

'플래스틱'은 열을 가하면 여러 모양으로 바뀔 수 있는 plasticity를 가집니다. 여기서 유래하여 이 단어가 형용사로 쓰일 때는 '유연한 생각을 가지는, 마음이 잘 변하는'의 의미를 갖습니다. 특히 생각이 유연하고 주변 환경에 민감한 어린이나 청소년에게 사용되는 말입니다. 그래서 plastic minds of children이라는 말이 있는데, 이 말은 '주변 환경에 쉽게 영향이나 감화를 받는 플라스틱 마음' 즉 '어린이들의 감수성(유연한 마음)

이라는 뜻을 지닙니다. 현대 영어에서 자주 사용됩니다.

plastic surgery 뜻은 성형 수술이라고 했습니다. '플래스틱 써저리'를 하여서라도 외모를 돋보이게 하고 싶은 사람을 'plastic girl'이라고 하는데 화려한 화장과 옷으로 남에게 돋보이고 싶어 하는 허영심 많은 소녀를 의미합니다. 화장, 옷 등을 빼면, 그냥 그저 그런 인조미인(플라스틱)을 칭할 때도 '플라스틱 걸'이라 합니다. 아울러 이런 사람을 '걸'이 아니라 그얼(gurl)이라 발음하기도 합니다. ㅋㅋ

> gurl1: Like OMG!!! My hair is like so totally messed up! I'm like so gonna die!
> 오마이갓, 내 머리 좀 봐 엉망이야. 죽을 거 같아.
>
> Jock 1: Sweet Lord!! Who is that fine new lady?
> 와! 저기 예쁜 애 좀 봐?
>
> Jock 2: Careful man, she's cold plastic... Don't date her, you don't want no drama!
> 조심해, 걔 플라스틱이야. 걔와 사귀지 마. 드라마 찍지 않으려면 말이야(상처 받지 않으려면 말이야).
>
> Girl 1: Wow she's gorgeous!! I wanna be like her!
> 그래도 너무 예뻐. 나 걔 좋아할 거 같아.
>
> Girl 2: She may be gorgeous. But minus the make-up, hair, and her trampy clothes. She's a souless plastic!
> 음 예쁘긴 예쁘지. 그런데 화장, 머리, 그리고 화려한 옷을 빼면 그냥 영혼 없는 플라스틱이야.
>
> Girl 1: Eckkkk... That's too shallow for me!
> 하하하, 그래도 난 상관 안 해.

95 Suite
껌딱지?

옷이나 신발 등이 상대편에게 잘 어울릴 때 표현하는 말에 대하여 옷 치수와 관련한 표현을 살펴볼 때 한번 말한 적이 있어요.

It suits you.
It's so you!
It looks good on you!
이거 너한테 정말 잘 어울린다!

이 말은 특히 여성이 옷을 바꾸어 입고 오는 날 이 말을 쓰면 아주 좋아합니다. 한번은 머레이 직원에게 볼 일이 있어 인사차 갔는데, 새로운 옷을 입고 있더라구요. 그래서 It suits you라고 했더니 정말 기뻐했습니다. 'it suits you [잍 수우츠 유]' 말고 '옷 치수가 딱 맞다'라고 할 때는 'It fits you[잍 핕츠 유]'라고 할 때도 경우에 따라서도 매우 좋은 칭찬입니다. '옷이 치수를 잰 것처럼 그 사람에게 잘 들어맞다'라는 뜻이 되거든요. 그러나 맞지 않는데 이 말을 쓰면 난감해 해 오히려 불쾌하게 생각할 수 있으니 '잍 수우츠 유'가 무난합니다.

suit 의 핵심 의미는 '어울림'입니다. '어울림'이란 두 개의 서로 다른 것들이 합쳐져서 '하모니'를 이룰 때 쓸 수 있는 표현이지요. 그래서 그냥 명사로 suit라고 하면 남성의 경우 정장, 여성의 경우 한국 영어로 '투피스'를 뜻합니다. 위아래 옷이 잘 어울려 남성과 여성을 돋보이게 하는 '한 벌의 정장'을 '수웉'라 말하는 것입니다. 그런데 지난번 얼핏 말을 했는데, '원피스', '투피스'는 한국 영어라고 했잖아요. 그렇다고 미국에서 '원피스', '투피스'를 쓰지 않느냐, 그렇지는 않아요. 씁니다. 하지만 뜻은 전혀 다릅니다.

오늘 회사 파티에 원피스를 입고 갈까 투피스를 입고 갈까 하면 그 여성 그 파티에서 굉장한 주목을 받습니다. ㅋㅋ 왜냐고요? 이건 말이 필요 없어요. 사진을 보시면 아시게 됩니다.

따라서 원피스는 '드레스', 투피스는 '수욷'이라고 해야 됩니다. 따라서 위 말은 아래와 같이 바꾸셔야 합니다.

오늘 회사 파티에 '드레스'를 입고 갈까 '수트'를 입고 갈까?

'수트'와 어원을 같이 하는 suite 라는 말이 있습니다. 보통 '스위트룸'그럴 때의 '스위트'를 말합니다. 그런데 이 suite와 소리가 비슷한 'sweet'를 연상하여, '신혼을 위한 호텔 방' 또는 '고급 호텔의 방'을 연상할지 모르나 suite room은 전혀 다른 의미를 가지고 있습니다. '스위트룸'할 때 '스위트'는 호텔 등에서 욕실이 있는 침실을  말합니다. 곧 상의와 하의가 한 벌로 이루어진 정장과 같이 객실과 거실(응접실) 등이 한 조로 묶여있는 방을 스위트룸으로 부릅니다. 좀 더 자세히 말하면 '스위트룸'은 적어도 욕실이 딸린 침실 한 개와 거실 겸 응접실 한 개 모두 2실로 짜여 있는 방을 말합니다

이 질문은 민욱 엄마가 어느 날 광고 전단지를 보더니 미국에는 '인 앤 수위트(Inn &Suite)'가 체인점으로 많다고 하며, 'Suite'가 뭐냐라고 했을 때 대답을 했던 내용으로

오늘에서야 이 내용을 설명하네요.

'Inn'은 '여인숙방'인데, 보통의 '여인숙방'은 '거실이나 응접실이 없는 침실'(물론 옆에 화장실은 있습니다)만을 지칭할 때 쓰며, 그리고 '스위트'는 거실(또는 응접실)이 딸린 방을 지칭하는 것으로 인 앤 스위트란 두 가지 종류의 방이 모두 있는 호텔이라는 뜻을 내포하는 것이지요.

다시 돌아와서 어울림 '스위트'는 또한 얼핏 보기에 전혀 엉뚱한 '수행원'의 의미도 가지고 있습니다. 그러나 곰곰이 생각해 보면, 중요한 사람을 옆에서 수행하는 사람들은 그 사람 곁을 '껌딱지'처럼 지키고 있는 한 그룹이기 때문에 '어울림'의 의미가 역시 담겨 있다고 볼 수 있습니다.

그럼 문제!
민욱 엄마의 껌딱지(스위트 'suite')는 누구일까요?

96
Suitcase University
대학에서 트렁크도 만드나?

suitcase 의 'suit'는 '옷'을 의미합니다. 'case'는 '가방'이니까 '수트케이스'는 '옷가방'입니다. '여행을 갈 때 옷가지를 담을 수 있는 가방'을 지칭하기 때문에 특별히 '여행용 가방'을 '수트케이스'라고 합니다.

university는 잘 알다시피 '대학'입니다. 그런데 이 둘을 따로 따로 볼 때는 아주 쉬운 말이지만 합쳐 놓으면, 꽤 이상한 뜻이 되요. suitcase university 여행용 가방 대학'(?) 음. '여행용 가방'을 만드는 학과가 있는 대학인가?ㅋㅋ 썰렁. 이 말은 넓은 땅덩이를 가진 미국 대학교에서 흔히 나타나는 현상으로 민욱이네 사전으로 정의하면 아래와 같습니다.

"주말이 되면 학생들이 집으로 가서 학교가 썰렁해지는 대학"

그런데 이 의미가 '여행용 가방'하고 무슨 상관이?
미국 대학교 학생들은 대개 집하고 학교와의 거리가 꽤 멉니다. 지난 번 플로리다 여행을 샀을 때 특히 저형께서 경험을 하셨는데, 여기서는 '넢어셔서 코 닿을 거리'는 한 대구까지의 거리이고, '근처'라고 하면 1시간 정도, '조금 간다!' 싶으면 '대구까지 갔다 다시 서울까지 오는 왕복 거리'정도 됩니다. ㅋㅋ. '운전의 맛'을 느끼고 싶다면 한 12시간 정도 달려 줘야 '꽤 갔구나'하는 생각이 듭니다.(과장이 아니고요 ㅋㅋ)

그런데 미국 학생들이 대학교에 입학을 할 경우 '엎어져 코 닿을 정도'에 집이 있는 경우는 거의 없지요. 그래서 대부분의 학생들이 평일에는 학교에서 공부를 하고 기숙사에서 생활하지만 수업이 다 끝나는 금요일 오후에는 여행용 가방으로 짐을 싸서 부모님이 계시는 집으로 갑니다. 주말에 집에서 밥을 먹고 가족들과 이야기를 나누고 여행용 가방으로 싸 들고 온 빨래를 빨아 세탁한 후 월요일에 다시 가지고 오는 경우가 대부분입니다. 이런 학생들을 '여행용 가방 학생들'이라 부릅니다. 그러면 학교는 주말에는 어떻게 되겠습니까? 말 그대로 바람이 휭하게 부는 '공동화 현상'이 일어나겠지요. 따라서 '수트케이스 유니버서티 또는 수트케이스 캠퍼스'를 주말 공동화 대학(또는 주말 공터화 대학 ㅋㅋ)이라 합니다. 물론 아주 좋은 학교들은 주말에도 공부를 해야 하니까 이런 '수트케이스 캠퍼스'가 되지 않지만, 일반 학교들은 거의 바람 날리는 학교가 됩니다. 여기 머레이 대학교도 '수트케이스 캠퍼스'인데요. 이는 주차장을 보면 알 수 있습니다. 평일에는 주차할 곳 없이 꽉 차서 차를 대기가 어려운 반면 주말이 되면 바람과 함께 차들이 사라져서, 거의 고속도로예요.(좀 과장법) 더욱이 방학이 되면 얼마나 텅텅 비었는지 squirrel park(다람쥐공원)가 됩니다.

'다람쥐'밖에 다니지 않아서요. 이러한 현상이 미국 사회에서 문제가 되어 신문 기사에 종종 기사화됩니다. 아래는 그 중 일부입니다.

Surprise, your school is a suitcase campus! Now what?

Once class is over and the weekend begins, a mass exodus occurs on campus. Parking lots clear out, tumbleweeds blow through the dorms and if you want some friends to hang out with forget about it. Why? Because there's nobody there.

아니 학교가 여행가방 캠퍼스라니 도대체 무슨 일이?
수업이 끝나고 주말이 시작되면 mass exodus 대규모 탈출이 캠퍼스에서 일어난다. 주차장은 텅비고, 기숙사 옆에서 tumbleweeds 나뭇가지들이 대굴대굴 굴러간다.
주말에 친구와 놀려고 한다는 생각을 아예 하지 마라.
왜냐고? 거기엔 아무도 없기 때문이다.

〈tumbleweed〉

97

Draft
'우선순위'에 들어야 군대에 갈 수 있다.

징병제 draft
징집 induction
징병제 draft
시민권자 citizen
영주권자 permanent resident
제비뽑기 drawing lots
일순위 primary number 1
부친면제 paternity deferment

    미국 군대는 원칙적으로 '징병제'가 아니라 '지원제'입니다. 한국은 남자라면 싫든 좋든 군대에 가야되는 '의무 징병제'이지만 미국은 희망할 경우에만 가는 '모병제'입니다. 그런데 이것은 겉으로만 보이는 것일 뿐 미국도 유사시에는 '징병제'로 바뀌는 시스템입니다. 하지만 좀 독특한 것은 미국 군대가 희망자 지원으로 충족되지 못했을 경우에 한해 부족한 결원을 채우기 위해, 남자들이 의무적으로 draft 징병됩니다. 그러나 모든 국민이 '징병'되는 것이 아니라 필요한 수만큼 induction 징집되는 것입니다. 징병 대상이 되는 사람은 만 18세 이상 26세 이하의 남자들(citizen뿐만 아니라 permanent resident 포함)입니다. 이들은 18세가 될 때 '선발 징병 관리청'에 반드시 '등록'을 해야 하는 필수 사항으로, 등록을 하지 않았을 경우 벌금이 나올 뿐만 아니라 대학 진학이나 장학금, 취업 등 각종 혜택에서 제외될 수도 있습니다.

    Selective Service System 선발징병관리청은 프랭클린 루즈벨트 대통령 재임 시절 1940년에 주 정부가 아닌 독립적인 연방 기관으로 창설되었습니다. 이와 관련하여 재미있는 것은 priority 라는 말인데 이 말은 '우선권 또는 우선 순위'라는 뜻으로 징집 대상자 중 '우선적으로 징집되는 사람(또는 순서)'을 지칭합니다. 이 때 '우선 순위'를 정하는 방법은 drawing lots 제비뽑기이며, 이는 시대마다 약간씩 변하여 왔습니다. 제1회 '징집 선발 이벤트'는 1969년도 1월 1일에 워싱턴 D.C 소재 '선발 징병 국가 본부'에서 시행된 '제비뽑기'였습니다.

당시 이 선발 행사는 1944년 1월 1일부터 1950년 12월 31일 사이에 태어난 등록자들 중 다음 해(1970년도) 징집되는 사람의 우선순위를 결정하기 위한 것으로, 이 이벤트는 'TV, 영화, 라디오'등 전국적으로 중계 되었습니다. 이 시기는 베트남 전쟁이 발발한 때로 지원 군인에 비해 필요한 군인의 수가 매우 부족하였기 때문에 법으로만 존재해 있던 것을 실제로 적용한 첫 사례입니다. '제비뽑기 과정'은 유리 단지 안에 들어있는 366개의 파란색 플라스틱 캡슐(생일 날짜 종이가 캡슐 안에 들어 있음)들을 일일이 손으로 빼내 개봉 한 후, 그 안에 들어있는 생일 날짜를 칠판에 적는 것입니다. 이 때 나이가 얼마인가와는 상관없이 개봉된 생일에 해당되는 미국 국민은 모두 우선적 징병 대상이 된다는 것입니다. 한편 이 당시 첫 번째 당첨된 캡슐의 생일 월일은 9월 14일로, 이 날짜에 해당되는 1944년도에서 1950년도 사이의 모든 남자들이 징집의 대상이 되었습니다. 이 때 이 사람들을 Primary number 1(1순위)이라 불렀습니다. 추첨은 물론 생일 날짜가 모두 다 나올 때까지 계속되었습니다.

이러한 추첨 제도는 시대에 따라 약간씩 변하였는데, 현재는 18세와 19세는 등록은 하지만 징집(인덕션)에서 대부분 제외되며, 차출의 실제 대상이 되는 연령 중 20세를 우선하여 뽑습니다. 물론 제비뽑기로 뽑으며 20세 다음에 21세, 21세 다음에 22세 등 나이순으로 징집 뽑기를 진행하는 방식으로 바뀌었습니다. 따라서 나이가 많아지면 많아질수록 순위가 낮아져서 징집 가능성이 점점 멀어집니다. 한편 결혼한 남자가 아이가 있을 경우 징집의 대상에서 제외된 때도 있었는데요. 이것을 Paternity Deferment 아버지들은 면제 라고 해요. Kennedy 대통령 때에 시행이 되었기 때문에, 이런 사람들을 Kennedy father 이라고도 했습니다. "Kennedy의 아버지"라는 뜻은 아닙니다. ㅋㅋ. 참고로 미국은 세계 2차 대전 당시에는 징병제였지만 전쟁이 끝난 후 1946년에는 징병제를 중단하였습니다. 그러다가 2년 뒤 1948년도 냉전 시대가 시작될 무렵 징병제를 다시 부활하였습니다. '제비뽑기'가 실제로 시행된 경우는 1969-1975까지 총 7차례입니다. 이 후 지원병력만으로도 충분히 충원이 되게 되었기 때문에 지금은 순수한 지원제로 바뀌었습니다.

Googling
미국인들이 매일 하는 것

머레이 대학교 한국인 교수님 중 정치학을 하시는 분이 계십니다. 이분은 수업을 하실 때 항상 정장을 입으십니다. 평상 시 입는 옷차림으로 강의를 할 수 있지만, 그러면 미국 학생들이 교수를 너무 편하게 대하는 나머지 공부를 요령껏 하려고 한다는 거예요. 이 분이 요즘 걱정하시는 것은 요즘 미국 학생들이 공부를 진지하게 안 한다는 것입니다. 학생들에게 참고 자료를 조사해 오라고 했더니, 기껏 한다는 것이 googling을 한 후 소위 '짜깁기'만 한다는 겁니다. 잘 알다시피 'google'은 특정 회사의 인터넷 검색 프로그램입니다. 그런데 고유명사 google이 '구글에서 자료를 찾다, 구글을 보면'과 같이 동사적으로 확대되어 쓰인 겁니다.

Can you google something for me?
나를 위해서 인터넷에서 검색해 줄 수 있겠니?

I was on the Bucknell Basketball team, if you don't believe me, Google It!
나 한때 벅넬 야구팀에 있었어. 믿기 어려우면 구글해 봐.

I tried googling but couldn't find anything relevant.
나는 구글 검색을 시도하였지만 전혀 관련성을 찾을 수 없었다.

그래서 'google(구글)'의 동사적 쓰임 '구글하다'는 "인터넷에서 어떤 것 또는 어떤 사람에 대한 정보를 획득하기 위하여 Google search engine 구글검색엔진을 사용한다"는 것인데요. 지금은 여기에서 더 나아가 구글 탐색기 이외에 Yahoo나 Naver 등과 같은 탐색기에서 정보를 찾을 때도 '구글'이라는 말을 사용하기 때문에 '구글'이 아주 넓게 일반화되었습니다. 좀 더 쉽게 말하면 우리나라 '다시다'가 특정 회사의 제품이었다가 그것이 너무나 인기를 끌어 '일반적인 감칠맛을 내는 조미료'를 모두 '다시다'라고 하는 것과 마찬가지이지요. 즉 '맛이 좀 그런데, 다시다 좀 넣어봐'할 때 특정 회사의 '다시다'가 아니라 다른 회사의 '조미료'를 가리킬 수 있기 때문입니다. 보통 고유명사가 일반 명사화가 되는 시기를 정확히 알 수 없으나, 이 '구글링하다'는 좀 특이해서 그 탄생년도가 확실합니다.

'google'이 동사처럼 쓰이기 시작한 때는 구글 공동 창업자 Larry Page 본인이 1998년도 7월 9일에 메일을 하면서, Have fun and keep googling! 즐겁게 지내요 그리고 항상 구글을 하세요라는 글을 띄웠기 때문입니다. 이러한 동사적 쓰임이 좀 더 확대된 것은 미국 TV 'Buffy the Vampire Slayer'의 'Help 에피소드'(2002년 10월 15일)에 Have you googled her yet? 아직도 그녀를 구글링하니(구글에서 찾고 있니)?라는 표현이 방송된 후부터입니다.

이 후 이 단어는 '대중성과 우세성'을 얻게 되어 아주 폭발적으로 전 세계에 널리 사용되기 시작하였습니다. 다른 말로 말하면 '구글하다'가 전 세계 대중들에게 '인기'를 얻게 된 나머지 결국 '보편성'을 얻게 되어 '신조어'가 된 것입니다.

Google
'구글 회사'는 정작 이 말을 싫어한다

> 인터넷에서 찾다
> google
> 인터넷에서 찾을 수 있는
> google-able
> 인터넷에서 찾을 수 있을 정도가 되는
> googlical

재미있는 것은 '구글 회사'에서 '구글'의 일반적인 쓰임을 만들었으면서도 정작 '구글회사'는 '구글'이 인터넷에서 검색하다'라는 일반적인 의미로 사용되는 것을 극히 싫어한다는 점입니다. 그것은 '구글'이 너무나 일반화되어 미래의 상표권을 잃어버릴까 두려워했기 때문입니다. 곧 상표가 일반 대중들에게 널리 사용되면 더 이상 상표권을 주장할 수 없기 때문에 회사 측에서 볼 땐 막대한 금전적 손실을 보게 됩니다. 대표적인 사례가 Jeep이라는 이름인데요. '지프차'는 잘 알다시피 한국전쟁 당시 맹활약을 했던 특정 회사의 4륜 구동형 차량 상표명입니다. 하지만 이 이름이 너무나 인기와 보편성을 얻은 나머지 일반 대중들은 특정 회사의 '지프'가 아닌 '투박하지만 힘 좋은 경유 차'라는 일반화된 명사로 '지프'라는 말을 사용하기 시작하였습니다. 이에 '지프 상표권 무효화 소송'(92후414, 1992년 11월 10일)이 한국에서 제기되었고, 대법원에서 '지프'는 더 이상 특정한 회사의 '상표'가 아님을, 달리 말하면 '지프 상표권 무효화'를 판결하였습니다. 이는 비단 우리나라의 경우에만 해당하는 것이 아니라 전 세계적으로 '상표권 무효화'가 이루어진 것입니다. 그래서 '구글 회사'에서는 '일반적으로 인터넷을 검색하다'라는 동사로 'google'이 사용되는 것을 자제시키기 위한 몇 가지 일련의 조치를 취했습니다. 하지만 이러한 노력이 대중들의 생각을 억제할 수 있을까요?

The future is not googleable.
미래는 인터넷 검색으로 찾아질 수 있는 것이 아니다.

The story soon reached googlical proportions.
그 이야기는 곧 인터넷에서 찾을 수 있을 정도로 널리 퍼질거야.

What's 1+1? Google it. 1+1는 몇이지, 구글해 봐.
What is Google? Google it. 구글이 뭐지?, 구글해 봐.
Where am I? Google it. 지금 어디 있지? 구글해 봐.

심지어는
Who am I? 내가 누구지?
Google it. '구글해 보자'라고 한다는 점.

Language designer
언어 디자이너

민욱이네는 오늘 사전에도 없는 "언어 디자이너"라는 말을 하려 합니다.

물론 "컴퓨터가 이해할 수 있는 언어를 설계하는 프로그래머"라는 의미로는 "언어 디자이너"라는 말이 있기는 하지만, 아래와 같은 민욱이네 사전 정의와는 다릅니다.

☞ 참된 의사소통을 위하여, 자신의 생각을 창의적인 공감 언어로 설계하는 사람

민욱이네 사전에 공감할 수 있는 자극을 위하여 이제 디자이너에 대한 유래부터 설명 하겠습니다.

1) 디자이너의 탄생

designer 디자이너는 design 디자인에 '사람'을 뜻하는 er가 결합된 말입니다. 또 'design'은 'de'+'sign'으로 나눌 수 있는데, 'de-'는 'out(밖으로/반대의/떨어져 나간)'을 의미하며 sign은 mark 표시, 상징을 의미합니다.

그래서 'designer'는 '(생각을) 표시해서(sign=mark) 내놓는(de=out) 사람'입니다.

'designer'는 비교적 최근에 만들어진 말로 유럽의 르네상스 시대 이전에는 이 말이 없었습니다.

현대적으로 볼 때 설계가 요구되는 '가구, 침대' 등과 같은 실용적인 물건 제작에 있어서 중세 시대에는 전적으로 장인들의 경험에 의존하였습니다. 예술적 감각이 있는 장인들의 경우 더러는 세련되고 예쁜 물건들을 만들기는 하였습니다. 그러나 대개의 장인들은 예술적 감각이 별로 없어, 튼튼하기는 하지만 투박하게 그지없는 물건들을 비슷비슷하게 양산하였습니다.

반대로 예술가들은 좋은 안목은 가지고 있었지만 실용적 물건을 만드는 데는 관심이 없었기 때문에, 그 당시 아름다우면서도 실용적인 물건을 찾기란 매우 어려웠습니다.

그러던 중 15세기 북부 이탈리아 화가 스콰르치오네(Squarcione)는 자신이 가지고 있었던 예술적 감각과 재능을 이용하여 가구의 모양, 기능, 색상, 재질 등을 그림으로 '표시'(설계)만 한 후, 자기보다 뛰어난 제작 기술을 가진 기술자들에게 제작을 의뢰하여 이른바 "보기도 좋고 튼튼한 가구"들을 만들기 시작하였습니다.

그리고 물건을 만들지 않고 자신의 생각을 '표시'해서 내놓았다는 의미에서 그는 그 '가구 설계도'를 design이라고 불렀습니다.

2) 디자이너의 발전

1830년대에서는 영국인 패션 재단사 찰스 워스(Charles Worth)(프랑스에서 활동)가 문학이나 예술에 등장하는 의상 모양을 그림으로 그린 후, 바느질과 재단을 하는 전문 기술자들에게 의뢰를 하였습니다. 그리고 옷에 대한 자기의 생각이나 아이디어를 내놓았다는 점에서 그는 '패션 디자이너'로 불리었습니다.

현재는 과거에 비해 인간의 무한한 창의적 설계가 필요한 기술들이 폭발적으로 늘어났기 때문에, 그에 걸맞은 다양한 '디자이너'가 나타나고 있습니다. Brand designer, digital designer, e-learning designer, telephone designer, graphic designer, web designer 등 과거에 없던 기술들을 설계하는 전문 디자이너들이 늘어나고 있습니다.

한편 '디자이너'가 여기에 더 나아가 물건을 넘어서 인간의 감성을 자극할 수 있는 설계까지를 고려하는 즉 Emotional designer 감성 디자이너도 나타나고 있습니다.

감성 디자이너의 개념은 도널드 노먼(Donald A. Norman, 미국 인지 심리학자 겸, 컴퓨터 공학자)이 주장한 것으로, 도널드 노먼은 기능적, 경제적 가치를 지닌 제품의 영역을 넘어, 사용하기 즐겁고 마음과 정신을 함께 엮어내는 감성의 가치 설계를 중요시하였습니다.

※ "Donald A. Norman"의 대표적인 저서 Emotional Design: Why we love (or hate) everyday things, 2004.

3) 공감 언어에 대한 디자인

만약 우리가 designer의 범위를 정신적 세계까지 넓힌다면, 이제 우리 모두는 designer가 될 수 있습니다. 왜냐하면 우리는 누군가와 단절이 아닌 진실 된 의사소통을 하길 원하고, 그러기 위해서 날마다 언어를 사용하기 때문입니다. 그리고 어떤 말이 상황에 맞는지 또한 맥락에 맞게 적절하게 표현을 하였는지 우리는 끊임없이 고민하기 때문에, 우리 모두 language designer인 것입니다.

우리는 말을 먼저하고 생각을 하지는 않습니다. 역으로 자신의 생각을 고민하고 고민한 후 상대편에게 어떻게 말할지를 설계합니다.

이는 똑같은 생각을 언어로 어떻게 디자인하느냐에 따라 상대편에게 감동으로 다가가느냐 아니면 상처로 다가 가느냐 하는 갈림길을 만듭니다. 그래서 누구나 고민을 하지만 그래서 언어 디자이너이긴 하지만, 누구나 훌륭한 언어 디자이너라고 부르지는 않습니다. 즉 자기의 생각을 적절한 언어로 설계하는 것은 많은 연습이 필요한 것이기 때문입니다. 훌륭한 언어를 디자인하기 위해서는 무엇보다도 상대편과의 내적 의사소통 즉 "공감"을 하고자 하는 열린 마음이 필요한데, 이는 고통과 고민의 산물입니다.

4) 공감 언어

아래에 좋은 생각이 있습니다. 하지만 생각을 평범하게 말한 것으로 그다지 나에게 감동으로 다가오지는 않습니다.

Honor other people's thoughts.
다른 사람의 생각을 존중하자.

그런데 위를 공감 언어로 바꾸어 보면 여러분에게 어떤 느낌으로 다가올까요?

6+3=9
but so does 5+4

The way you do things is not always the only way to do them.
6+3=9
하지만 5+4도 ……
당신의 방정식만이 항상 유일한 길은 아닙니다.

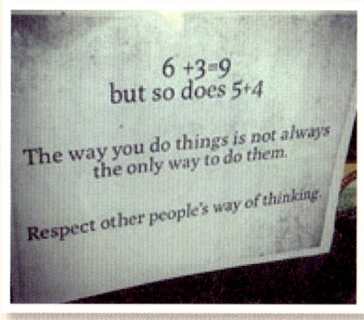

자신의 좋은 생각을 상대편이 공감하는 언어로 설계하는 것, 그것이 바로 언어 디자이너가 아닐까요.